《渣誌》

感謝狀

感謝 掏錢的讀者大大們
於本社辦理
2016年度《渣誌》
專案計劃時，
熱血掏錢且不計後果，
殊堪嘉佩。
特用此頁，用資感謝。

社長 周偉航（人渣文本）

2016 年 12 月

目錄

渣誌

序&編輯室報告&發刊詞&導讀

這是紙本渣誌第一期，主題是「七十八個不正常的哲學問題」，簡稱「七八哲學問題」。並沒有任何諧音的意思，純粹是七十八個問題加上序，就是出刊設定目標的八萬字。

好吧。如果你相信這麼爛的理由，你一定是有認眞病。

紙本渣誌並不是眞的雜誌，而是書系的概念，每一期的主題之間沒有關係，純粹是以「我爽」爲主。在第一期中，只有一個主題，就是「哲學」。非常簡單的哲學。我有一門課開了整整十年，非常受到各校學生的歡迎，他們想不歡迎也沒辦法，因爲通常是必修。在這門課裡，我透過大量的隨堂作業問題來建立學生們對哲學的初步認知。有些班一學期可能會寫到近一百題，學年課就是兩百題。

這些隨堂作業全是申論，而且通常沒有標準答案。多數人都寫得很開心，因爲有來有寫就有分（只要不是抄大悲咒給我就有分），雖然不一定會及格，但每次都來都寫卻不及格，也是很困難的事。不過，還是有人寫到一半會抱怨：

「老師，可不可以來點正常的問題！」

我覺得這些問題還蠻正常的，但有學生認爲不正常，我就拿來當作本期的大標。至於你覺得正不正常，那要你看過之後才能判斷。

我實際的授課內容並沒有系統規劃的架構，是隨機丟出問題讓同學思考，因爲我的目標是刺激他們的思維能力。只要你試著答題，就算是亂答，你也往前了一小步。

我認爲，只要大腦跑過一次這種思考的流程，其能力就能保有一輩子。至於系統性的哲學知識，自己去翻書或Google就好。

但在這本書裡，我還是照一定的理路排列了這些問題，基本上是由「外在」往「內心」，由「社會」到「個人」，由「簡單」至「簡單到不知在供三小」。

這七十八題都包括問題與解說部分。理想的閱讀方式是看完問題後，先拿支筆，用三分鐘試著作答。啥都寫不出來也沒關係，至少這三分鐘，你會看起來像個文青。接著再參考我的說明，想一想你能從中獲得什麼啓示。

沒有啓示，也沒關係，因爲我有同事說過，他根本看不懂我的問題和說明，當然也沒什麼進一步想法。如果你看不懂，也沒想法，不就證明你和大學教授的程度一樣嗎？讀一本書就變教授程度，這不是超爽的嘛！

接下來，就是你們的事了。希望你一覺醒來，不，一頁翻開來，台灣就變得不一樣了。多了一個大學教授程度的人。

01 | 政治

第一問

你放在身邊的水或飲料，你認為它符合道德標準的要求嗎？是「善液」嗎？

我問的就是你現在放在手邊，打算一邊看書一邊喝的東西。多數社會賢達不會仔細思考自己日常食衣住行育樂各種用品的道德意義，但不妨就從這開始。

你喝的也許是煮沸之後的自來水，也可能是購買一些現成的飲料。我們所飲用的東西，都有一套生產履歷，從最原始的大自然物質，像山裡面的逕流水，流到湖泊、水庫裡，然後政府抽取、消毒、過濾，而這些過程都有人的因素，也就會有倫理問題。

「有料」的飲品更複雜了。從一開始原料獲取，像咖啡豆的生產，是否有壓榨農民、破壞環境？加工過程是否有污染、浪費？廠商是否有涉及違反環保衛生法規、標示不實、過期原料等各類問題？

製成之後，過度包裝也會造成不必要的包裝材浪費，或飲用後無法回收的垃圾。

除此之外，等到開始運輸、運送，也會有排碳的問題。現在有些人主張不要飲用進口礦泉水，就是因爲其運輸過程的排碳很高。

販售端也有儲存、冰藏、再分裝的衛生安全問題，還有勞資聘僱是否合法的衝突。直到你的嘴巴喝進去之前，甚至是你喝完之後的廚餘與資源回收，每一個環節，只要有人碰過，我們就能質疑它是否符合道德標準。

所以要讓你喝的飲料成爲眞正的「善液」，可沒那麼容易。我們大多數時候只是假設這東西沒道德問題，甚至只是相信這東西沒問題，根本沒企圖去驗證。

這主要是因爲商品生產鏈的資訊不透明，一般人很難瞭解飲料的完整生產履歷。若法規要求標示，還算有點脈絡，若是自來水呢？你要怎麼弄清楚？自來水輸水管線會不會有問題？之前不是傳出有鉛管嗎？

雖然難以釐清其生產脈絡，但這不代表我們不需去找答案。因爲如果連消費者都不 care，那誰會在乎呢？政府官員總是多一事不如少一事，反正薪水一樣，而普通商家更不可能投入這方面的調查，因爲會提升成本。

但比起其他倫理問題，關於食衣住行等切身的消費倫理或商品倫理，或許才是我們眞正應該投注心力去關懷的部分，因爲你現在就在喝，就在用，如果有問題，你當下就受害。

思考哲學就應該從身邊開始。你不需要「每事問」，你就找一個標的，用盡一切能力去找答案。在這過程中，你會發現許多對自己獨有意義的答案。

就像有人堅持吃鄉下阿嬤種的菜，因爲那「無毒有機」，沒灑農藥，都是澆鄉下公嬤的大便長大的。但阿嬤菜田的土，有驗過重金屬嗎？她澆菜的水源，上游有工廠嗎？

很多人嘲笑食品大廠是「化工廠」，這話雖然不能說有假，但至少這些「化工廠」受到比較多監管，在某種程度上，可靠度說不定還高一點。

「我相信鄉下阿嬤不會害我！」所以你現在要靠念力來提升道德可靠度嗎？

第二問

網路實名制會破壞言論自由嗎？

這個問題牽涉到兩個概念，第一個是言論自由，第二個是網路實名制。雖然中華民國在台灣的憲法強調言論自由，不過台灣人經過很長時間的努力，現在才擁有相對比較健全的言論環境。

其實多數人也不太清楚言論自由的定義，以爲是爽講什麼就講什麼。通常來說，健全的言論自由應包括了「選擇對誰說的自由」、「選擇在什麼情境下說的自由」，以及「選擇講什麼的自由」這三個向度。

除此之外，言論自由還有一些相對應的自由，像當你想說的時候，別人也有拒聽的自由。有些社會賢達主張言論自由，卻到處強迫人家聽他講話，這也不對。另一批社會賢達認爲台灣現在「言論太自由」，亂講話的人，很久之後才會受到不痛不癢的處罰。但如果設下進一步的限制，像是言論審核制度，依照過去經驗，這權力馬上會被濫用。因爲批判掌權者的聲音會立刻被限制，有審核權的人將擁有無上權力，而絕對的權力會帶來絕對的腐敗。

第二個要談的概念是「網路實名制」，在這制度下，每個網路使用者需要都以眞實身分登入，因此網路留言都可以查到本人是誰。我們現在是採用間接的身分認證制度，大多數在網路發言的人，也都可以追查到本尊，但還是有一些漏洞存在（我知道洞在哪，但才不會告訴你咧！），因此也有憂國騎士團主張應推動全面的網路實名制。

那網路實名制會不會破壞言論自由呢？關鍵還是在於「執法者」。我們在「眞實的」世界裡互動，或說「肉身的互動」（就是以本人出來面對，請不要想往肉體的方向），就是實名制。那言論自由有受到影響嗎？

前面不是才提到有社會賢達認爲台灣現在言論太自由嗎！

你敢不敢講話，會不會亂講話，關鍵不是在個人，而是看政府是誰。如果是在中國，由中共執法，大家就會感到恐懼，自我約束而不敢亂講話，但一回台灣，就亂講得很開心。同樣的，在極權統治環境採用網路實名制，言論自由就容易受到損傷。

台灣是相對民主開放的地方，本來就有很多人勇敢的亂講，像電視名嘴。法律能否管到他們呢？其實可以。名嘴在錄影空檔，常在討論被告之後請律師的問題，所以他們亂講，總是要負責的。不過因爲法院審判機制較慢，有時正義來得的確嫌晚，但總比「完全來不了」，或是「亂來」要好吧？

多數民主國家之所以不推行網路實名制，有不同層面的考量，除了言論自由之外，也有個資外洩的疑慮。相對來說，言論自由也不是只能展現在網路上。有些鄉親在網路上很敢講，在現實世界卻不敢說，這是因爲對於「言論」與「負責」的概念有錯誤的理解，以爲網路上可以亂講，不會被抓到。想法如此單純，就算有網路實名制，他大概還是會亂講吧。

第三問

我們用來分配資源的主要參考條件有四，分別為「能力」（資格認證、畢業證書）、「付出」（付出勞力、時間）、「成果」（業績）、「需要」（沒有以上三者，但有需求，像老人或小孩）。你認為一個正義的分配體系，對這四個條件的重視程度排序為何？

這是個政治哲學問題，各門各派會有自己的答案，你也可能會有獨具特色的看法。若你是社會新鮮人，可能會把「能力」排在前面一些，因爲你只有畢業證書可以換薪水。計時制員工會很看重「付出」，在那站三小時，就算沒客人，也要給我錢。

有些業務員天天在家裡看韓劇，打一通電話就拉到百萬生意，那他當然認爲「成果」要優先考量了。至於老人、小孩，和社會弱勢呢？因爲他們沒有能力、付出和成果，所以就會強調「需要」。

全國軍民同胞對此都自有一套理想的分配順序，其理由來自於個人價值觀，上到政治意識形態，下到家庭生活經驗，都可能有影響。那要怎麼喬出共識？這要幾十萬字才能「介紹」（還沒辦法找到答案喔！），於此就先不談了。

但本問題至少可以讓你體會大家對於「公平正義」的看法確實存在不小的落差，甚至你十分鐘前和現在的想法也不見得相同。但在政治或公共領域中，我們需要匯集大家的意見來產生共識，那大家真「有可能」產生共識嗎？

其實還眞有一些成果，那就是「喬」半天之後的政府總預算。那在政府預算的分配上，哪個條件排在最前頭呢？我想不少人應該已猜出來，就是「需求」。我們對於社會福利與弱勢者需求面的照顧，佔了國家預算的最大部分。

這是因爲政府預算屬於「重分配」，而在市場經濟體系中的初次分配（一般工作所得），還是很看重能力、付出和成果的，而考量需求（政府以外通常只有慈善活動）的部分較少。不同的公司、組織，會有不同的分配方式，這些方式會彼此競爭，也會爭辯何者較爲「道德正確」。

這些衝突看來不會有結論。這些理由和立場各異的分配原則，構成了我們熱鬧的大社會。有政治哲學家將這些各說各話的分配體系視爲「不完全的程序正義」，我們只能不斷修修補補，想要達到各自心中的正義目標。但因為大家沒眞正釐清根本的價値差異，在未取得目標共識前，就想直接找出分配法則，這是本末倒置，只會讓我們離正義越來越遠。

這派政治哲學家提出另一種思考方向，但本篇已經塞不下他們的高見了。於此只要讓大家知道一件事：當我們說出「社會正義很重要」這種話的時候，好像大家都能聽懂、很有共識，但除了這種「好像很有共識的感覺」之外，我們就沒有共識了。

談錢，就傷感情，而談正義，其實是就是「非常用力專心的在談錢」，當然就是傷感情加三級。別隨便講共識，共識都傷感情，共識就是傷感情。

第四問

幾十年之後的海洋公園養了幾隻負責表演節目的基因改造海豚，牠們非常聰明，也聽得懂人話。有天牠們討論過後，決定組成工會發動罷工，要求把每天吃的飼料由死魚改成活魚。你認為政府單位應該介入這場「勞資爭議」嗎？

海豚的智力表現引起許多哲學家的興趣。如果海豚具備初階的理性能力，那就會有行爲的目的（以理性選擇行動來完成目標）；如果具備目的觀，那就會有價值觀（什麼比較好）、幸福觀（什麼是生命的終極目標）。如此一來，我們對於地球的規劃與安排，需要參考海豚的意見嗎？

如何與其他生物互動屬於「生物倫理學」學門，近年是個熱門的領域。隨著科技的進展，人類開始得知自己與其他的物種落差並沒有那麼大，有不少的學者指出我們對於物種的偏見，可能就像過去對於膚色的偏見一樣，在倫理學上是站不住腳的。你也承認有很多人和猩猩、樹懶很像，甚至不如這些生物。

先來看種族問題。在過去的兩百年來，「洋人們」大幅度的擴張了「人」的範圍。許多洋人原本不認爲其他國度或部族的成員算是「人」，所以白人歧視有色人種，中國人則認爲除了「中土」之外，其他地方都住著怪物。還蠻像是《魔戒》裡的世界觀。

到了現在，受過教育的人們已傾向認定所有人科人屬人種的動物，不管膚色髮質，都算是「人」，享有與相同的基本權利。但這樣好像還不夠。社會中有許多人看待寵物的方式，也與看待人類差不多（甚至超過）。會不會有天某些物種也被我們列入「人」的範圍內呢？

一些社會賢達對此抱持強烈的否定態度，認爲人或許會因爲喜好而把寵物當人看，但是在國家或社會制度層面上，不該授予「非人物種」和「人類」相同的地位，因爲他們沒有足夠的智力。某些思想家的態度則帶有彈性，他們認爲現在雖然智力有差，但隨著科技發展，基因改造動物可能擁有高度智能，他們就可能發動實質影響力來奪權（決戰猩球？），在將來享有與人接近的權力地位。

在過去，亞伯拉罕一神教傳統（信基督的和穆斯林爲主）強調上帝授權予人管理其他生物的權力，也主張人與神的相似性，因此對於其他動物採取較不平等的視角。而東方思想多少帶有「眾生平等」的想法，或認為在動物與人類之間可能不斷轉換（轉世輪迴、修練化身），因此在態度上較為中性。

其他物種和人類至今仍有非常明顯的差距，就已有許多社會賢達對「人獸」之間的差別消失感到憂心（人獸婚？），認為這種發展會導致人類世界的混亂與滅亡。但也有人認為只有破除人獸之間的界線，才能達成「世界一家」、「天人合一」的崇高境界。

所以這不是個科學問題，而是個價值觀的爭議。價值成見讓人目盲，但有時來自本心的善意，或許是突破爭執的關鍵。就像原題中的海豚，你認為局外人應該幫忙牠們嗎？為什麼呢？

第五問

在將來，科技大有進展，已能提供全身五官五感的虛擬實境機器，而運用這種技術的性愛電玩遊戲，其所創造出來的體驗，也與真實的性愛非常接近。若你身為那個時代的政府主管官員，你會允許這類性愛電玩遊戲在台灣合法上市嗎？

這不是要問你想不想用，先別急著表態。這是問你如果當了狗官，會不會許可這商品上市。有些人可能會聯想到開放大麻的議題，但也別想那麼遠，就從「情色產業」開始思考。

較保守的人，可能認爲這性愛遊戲類似八大行業，需要適用與性產業相同的管理辦法，必須設在專門的區域，與其他公共場所有明確區隔。更保守者，可能認爲心靈出軌和網路性愛都算劈腿，所以未婚者或無伴侶者才能進入有這種電玩機器的店家。

最保守者，則認爲應更加限縮，只能基於社會公益使用，像是提供身障者性服務，不能允許其盈利，以免敗壞社會風氣，讓大家不知道該怎麼教小孩。甚至連小孩都沒有了，因爲大家都不眞的做愛。

當然也會有人持比較開放的立場，認爲它可全面上市，只要加上使用年齡的限制即可，各人造業各人擔。這價值問題當然沒有標準答案，如果有天這東西眞發明出來，那應該交由該時代的人，考量其需求與價值觀來做決定。

雖然沒有具體答案，但這問題可讓我們比較自己身爲「可能使用者」與「管理者」這兩種立場上的態度差異。當我們作爲使用者，和作爲社會資源分配者，對於同一議題的切入點可能是不同的。甚至「應該要不同」。

有些鄉親在思考色情、暴力、吸毒問題的時候，經常把自我的偏好當做是立論的基點，然後藉此批判政治人物的政策。但政治人物思考時，他著重的往往不是自身的偏好，而是如何在社會各方的偏好中取得賽局均衡。

所以經常有人會用「換了位置就換了腦袋」、「髮夾彎」來罵民選官員，但你若作爲政府官員，作爲社會資源的分配者，如果不「換腦袋」，或「加裝新的眼睛和腦袋」（擴充視角與想像力），依過去的想法做事，鐵定會出大包。因爲百姓看到的面向，鐵定沒有官員看到的深與廣。

是以不想用這機器的人，當上狗官後，也可能會選擇開放，因爲他認爲這是社會有共識的基本人權。有些自己想用的人，卻會選擇不開放，或是限制在特定區域，因爲他判斷其他社會成員自制力不足，會像沉迷賭場的人一樣，在這機器上散盡家財。

這也提示我們不同的權力地位，可能會有不同的「適切判斷」。「道德絕對主義者」鐵定不滿於這樣的說法，他們認爲標準只有一個，小老百姓也該提升自己知能到官員的高度。但這有現實上的困難，因爲有些事，在你坐到那個椅子之前，是很難能懂的。

有的椅子一坐上去，你就不再是你自己。

02 | 社會

第六問

你的母校找了包括你在內的一堆校友回去辦校慶活動。校長上台致詞時強調他們最近成功募到一大筆款項，即將蓋棟全新的大樓。他滿面紅光的說明：「有家專營色情產業的企業，因為沒有人願意給他們架廣告，而我們學校又缺錢，所以雙方一拍即合，他們將幫學校蓋一棟新大樓，並且送內裝和硬體，而學校也會允許他們在大樓頂端架設公司廣告。因為這個大樓會蓋得非常高，所以會是附近地區的新的地標！」校長不斷的強調這個計畫完全合法，但現場校友議論紛紛。你認為母校適合接受這一筆捐贈嗎？

世間的價值有兩種，第一種是可以量化的價值，第二種是不可量化的價值。可以量化的價值，通常是用錢來計算，相對客觀，美國人算和台灣人算是一樣的，加個匯率就好。比較難以溝通，會在我們彼此之間製造矛盾的，通常是不可量化的價值。

就像這故事裡面，有些校友可能認爲校方接受色情行業的贊助並架設廣告，並無不妥之處。他就做他的生意，我們「做自己」就好嘛，只要都合法，彼此互利，各取所需。

但鐵定也有人認爲這種廣告不太適合學校等教育場所，即使一切合法，也會有不良影響。像這事傳出去，以後校友都可能會被認爲和色情行業有關係了，或至少被旁人嘲笑兩句。

這顯然就引入「不可量化價值」的部分。因爲沒有「秤」可以「量」，所以對於不可量化價值，要取得共識就只能透過不斷的溝通，讓所有人展示自身的價值立場，大家一起思考怎樣能幫助社群追求卓越。

這沒有標準答案，只有透過討論而不斷「推進」的答案。或許有天多數台灣人將認爲學校也可以有色情廣告，當然，也可能往反方向發展，變成所有廣告都不能進入校園。這種「保守」與「開放」，其實沒有一定的趨勢，像過去學校之內可能有香菸宣傳品，甚至也實際販售香菸，但目前在大多數的狀況下都已被禁止了。

當下最適切的判斷標準，要透過溝通討論來產生，但誰有資格發言呢？其實會表達的就有資格，因爲你可能提供別人所沒想到的建議。討論的結論，也不應由少數人拍板定案，像是校長、董事長，更不可由學者專家決定。我們可以請學者專家發表意見，當作大家溝通、下判斷時的參考，但眞要決定價值判準時，還是應該回歸受到「價值衝擊」的人們來決定。像是在學生、教職員與校友們。

母校樹起色情廣告，不只影響到現有與未來的學生，也會影響到過去的校友，做爲「價值共同體」的一分子，你當然有資格依自身價值觀提出意見，並影響最後的決策。不論大家選擇那個方向，這都不會是別人賦予你的價值，而是你參與創造的。而其道德結論，才能與你的生命對話，並且產生眞實的力量。

聽起來好像很熱血，但講白一點，就是你不參一腳，就等著被婊。

第七問

結婚是要仔細計算過利弊得失之後，才能做決定的事嗎？

台灣現在有明顯的晚婚現象，「初婚年齡」是一年比一年要高，大多數早婚者都是奉子成婚。除了有穩定工作者，很少人會在二十五歲前就決定自己一生相處的伴侶。

多數鄉親父老都是因爲想得太多、算得太多，所以才晚結婚。因此有社會賢達建議，大家就別執著了，想結就結，擇日不如撞日，算牌不如直接去抽號碼牌，兩人只要有身分證就去戶政事務所登記，「衝個一發」，就可以解決台灣人晚婚的問題。當然，大多數人顯然認爲衝一發的風險太大了，所以上面這種說法，也只是嘴砲而已。

那大家考量的條件到底有那些？純愛派認爲，關鍵要素是能「和對方相處下去」、「雙方之間有愛」。所以利弊得失並不是重點，重點是要找到「對的人」。先找到對的人，再看錢的部分該怎麼解決。

但「對的人」似乎遠比想像得少，大家常覺得世界上好像都是「錯的人」，之所以會拖，並不是因爲利弊得失算得太清楚，而是連算都沒得算。

現實派會進一步質疑，如果錯估可量化利益，絕大多數人都無法相處下去，怎麼會「對」得起來呢？別說同住一輩子，連住隔壁一個月你都受不了。

所以我們可能太過簡化自身對於利益的欲求，只因爲覺得談錢太醜陋，有辱純純的愛，才避而不談。但在利益方面沒辦法達成共識，也沒透過互惠行動發展互信機制，人與人之間怎麼會產生情感呢？

在現實派看來，就算有人覺得自己是「衝一發」而結婚，其實也是壓縮了利益的考量過程，並非沒有考量或不重視這點。大家都會考慮利弊得失，只是「評估得有沒有效率」之間的差別。

像是有些感情碰到困境的人會說：「我和他很合得來，但就是叉叉圈圈叉叉圈（各種現實衝突，不是眞的叉了什麼圈圈）的問題，所以不知該不該走下去。」但人與人都是一部分合得來，一部分合不來，這種說法只是在逃避問題，並非無法評估，如果仔細算一定能有答案。或許這人早算出來了，只是不想承認那個答案。

另一種說法是，大家會卡在結婚問題上這麼久，就是因爲把它看得太重要了。婚姻其實沒有那麼崇高，就是人生的一個選擇，所以判斷OK，就直接結婚，不對，就分開。這種價值觀相對來得有膽識，也挑戰了傳統社會結構和信念。

對當代倫理學來說，結婚的確只是一種手段，是你追求人生幸福的一種方式而已，它不代表人生的成功，人生不一定要結婚才是「圓滿」。所以結婚的意義，是在於你能否透過這樣的決定，替自己和別人創造更高的內外在價值。

感覺壓力很大？那就不要結。

不結婚壓力更大？所以重點到底是壓力，還是結婚？

第八問

連自己都快要養不活，生小孩好嗎？

絕大多數鄉親父老都認爲連自己都養不活，那當然不太適合生小孩，因爲這會害到那個小孩，拖累一個無辜的生命。

但我們也發現一個很矛盾的現象，就是經濟條件越好的人，就更不願意去生養小孩；反而是經濟條件沒那麼好的人，因爲相對缺乏知識基礎，不太曉得避孕方法，也沒有什麼計劃生育的概念，所以可能生養了非常多的小孩。

但我們要先弄清楚「養不活」這個詞指的是什麼。在當代台灣社會，月收入兩三萬的人會過得非常辛苦，因爲物價高，也不可能買房子，即使要租，也不見得能租到像樣的物件。所以在大台北地區，如果夫妻月收入各只有兩三萬，當然就不太可能養小孩了，養活自己就阿彌陀佛。

不過，當我跟一些收入頗豐的朋友溝通時，我發現月收入高達十幾二十萬台幣的人，他一樣會覺得台北居大不易。因為人的欲望會隨著收入提高而滋長，不論你多有錢，你都會覺得自己並非過得最爽，也不能說是「過得好」，甚至「活不下去」。

想越多，欲望越多，不滿足的部分就越多，你可能就會一直認為自己不適合養小孩。所以這不見得有什麼客觀標準，完全是一種「看生活」的負面心態使然。願意生養小孩的人，或許眞的就是比較不考慮相關問題的人。

但想得少的人，代表規劃能力可能較弱，如果又生了一堆小孩，是否有足夠的資源養育呢？這會不會造成階級複製，窮的越來越窮？而想得多的人，因為生得少，個人資源多，社會差距因此越拉越大呢？

如何以社會改造工程或政策解決這種矛盾，是社會學或政治學要回答的問題，在哲學上只能給大家一個思考方向。我們很多人都沒有意識到「連自己都養不活」而造成少子化，實際上跟某些效益主義的思維很接近。

效益主義認為「能替最大多數人帶來最大效益」的行為就是對的，這種想法經常被運用在公共議題的思維上，像是思考要蓋捷運或快速道路時，就很常採用上述引號內的原則。但這種原則也有問題，就是會為了多數而犧牲少數，甚至可能造成納粹式的大屠殺。

別以爲這是很偏激的理論，其實我們也正以類似想法在「殺人」，殺的就是我們的下一代。因爲經濟成長陷入遲滯，爲了確保多數現有成員獲得最多的社會利益，自然要避免「分母」增加，分享現有的經濟成果。我們的選擇就是根本不生：「少子化」，其實就是我們把下一代殺掉了。那要怎麼解決這問題？

我們不需要賣弄「養兒之樂」這種不可量化的價値來對抗上述的粗淺效益主義思維，我們只要想想，眞正「精準」的計算是什麼，什麼又是「短視近利」。沒有小孩時，你會擔心養不活自己。但有了小孩之後，這還會是你關心的問題嗎？

不只是生養小孩，人生需要的不是理由，是解決方案。

第九問

請問你認為有犯罪的想法，就有道德責任嗎？

「有犯罪的想法」，在倫理學中被視爲動機。那動機重要嗎？

有些倫理學流派非常看重動機，認爲一切的「惡」都是從錯誤的動機衍生出來的，所以我們應該去「遮斷」、「控制」、「破除」這樣的動機。部分宗教信仰就很看重惡意、惡念，其中有些甚至強調當人有了惡念，就跟實際做了惡事是一樣的。所以你盯著屁股掉一半出來的熱褲妹，就等同犯了姦淫。這態度是防患於未然，但他們對於「意外傷人」這類沒有惡意的情形，其道德評價就相對較輕一些。

另外一派認爲不太需要看重動機，道德評價是著重在行爲結果或具體手段。爲什麼不看動機呢？因爲動機藏在人類心中，你是要怎麼判斷別人的動機？通靈喔？你只能自己腦補而已，你不可能進到別人的大腦去評估他的心思，所以太重視動機上的善惡，就會讓道德判斷混入了猜測的部分。

當代倫理學家較傾向後一派的倫理學立場，但是並不代表他們完全不重視「犯罪的想法」，經常擁有犯罪想法的人，的確很可能是犯罪的預備軍。所以在當代社會控制的部分，政府會透過許多科學方式，嘗試從大數據中篩選出這些人，提前進行教育與監測。當然，不是提早把他抓去關。

過去有所謂思想犯，通常是政治犯，政府覺得你想法可能有問題（他也無法確認你是否眞的有問題），就會把你抓來關，你可能只是看本書，甚至去打棒球就被抓走了（「一堆人拿棒子是要幹嘛！」）。這當然不合我們對於基本人權的當代共識，因此現在於立法時，會特別注意是否有因思想而入人於罪的情形。

重視動機的那派人馬，可能會擔心這是否代表我們無法將邪惡滅於發端呢？社會上有些人是天天都在設想犯罪計畫，就算法律無法控制，至少在道德上，應該予以譴責吧？

如果有人的動機不正，而且他也講出來了，不用我們腦補，那我們應該予以道德譴責，不過譴責對於眞正的惡人來講，通常沒啥屁用就是了。但與其求人，不如求己，因爲就算你不知道別人的動機，你至少可以弄清楚自己的動機，你可以要求自己減少爲惡的念頭，或是以「想一想，有爽到就好」來取代眞的出手。如果人人都這樣想，自然可以達成某種集體的道德效果。

在現實環境下，我們很難要求每個人「完全不能想」任何的邪惡計畫，這可能對你的心理健康不太好。但訓練自己分清想像與現實，讓自己在眞正行動前，都能經歷一套成熟的「情緒」到「推論」到「評估」到「判斷」的模式，是你在道德修練上最實務的功課。

所以想要犯罪的道德問題還小，重點是有沒有想清楚「自己爲什麼最後決定不出手」。「忍」，其實不只是心性上的意志力，還需要莫大的理智判斷力。你如果愛亂想，那就趁機多練練忍的技術，將來總會在大事上發揮作用的。別讓忍的功夫，只停留在控制括約肌的程度而已。

第十問

有科學家發明了一種晶片，它植入人體之後，你的腸胃道就會產生轉變，可以直接消化腐植質和礦物。講白點，你就可以直接吃土了，因此這晶片又被稱蚯蚓晶片。有些富國決定贊助窮國人民免費植入這種晶片，以解決糧食危機。請問你認為免費植入這種晶片，讓窮人得以吃土維生，會傷害到他們的人性尊嚴嗎？

很多人說自己窮到要吃土了，但人是沒有辦法直接吃土的，這牽涉到我們的消化系統的問題，我們還是要透過正常食物來獲取熱量，補充必要的一些維生素。

的確有些人不太看重吃。他們認爲如果可以吃土維生，我們就可以不需要農漁畜牧業，可以將食物費用壓到最低，把錢和資源拿去做別的事情，那其他方面的人類文明就會更豐盛。有點類似宣導不打手槍，就可以避免許多無辜樹木被砍伐做成衛生紙。

在上個世紀，曾有人想像將來會研發出「只要吃下去就可以滿足人一切生理所需」的藥丸。現在就算有善存等營養劑，也有各種濃縮食品，吃這些東西一時之間的確死不了，但你可能也不會太開心。因爲對人來說，吃除了生理意義，還有文化意義。

多數人類文化的核心都是落在吃這領域。台灣文化的核心部分也是吃，所以外國人來，我們只會帶他吃吃吃吃吃。吃什麼決定你是什麼人，客家人吃的和閩南人不同，窮人吃的和富人吃的不同，越窮的人，「吃」佔他的收入比重就越高。我們透過食物來界定自己的身分，我們也會透過食物來彼此互相歧視，或是認爲人家吃的這個東西是「錯誤」的。

像我們經常在吵「你吃這個東西不是眞的肉圓」、「滷肉飯不該是長這樣的」、「在地人不會吃這家雞肉飯」等等。我們對於食物的內容、食物的形式是如此的在意，代表這已超出單純美學的層次，甚至有道德的意義，有些食物甚至已經進入宗教的神聖領域。

一旦成神，科技就很難去挑戰它了。改變人類的用餐行爲與內容，或許在經濟、科學理念上，會有更高的「效率」，但可能強烈衝擊現有的文化，進而破壞社會結構，甚至讓人失去生命目標。

植入蚯蚓晶片可能解決飢荒的問題，可是這些活下來的生命，他們還算是人類嗎？他們會不會因此失去尊嚴呢？務實一點的人認爲，人沒活下來，就沒什麼尊嚴可言，但也有人認爲賴活不如好死，寧願死得有尊嚴，不願活得像蚯蚓。

有時我們會在辛苦勞動獲得成就之後，去享用豐盛的一餐，來作爲對自己的犒賞、肯定。爲什麼飲食有這樣的效果？單純只是味覺、熱量和維生素而已嗎？單純只是食物的分子能在腦內刺激出欣快感嗎？單純只是我們自己在騙自己嗎？

想想我們吃到地雷店時的憤怒，怒到想殺人的怒。吃，眞的沒有那麼單純。

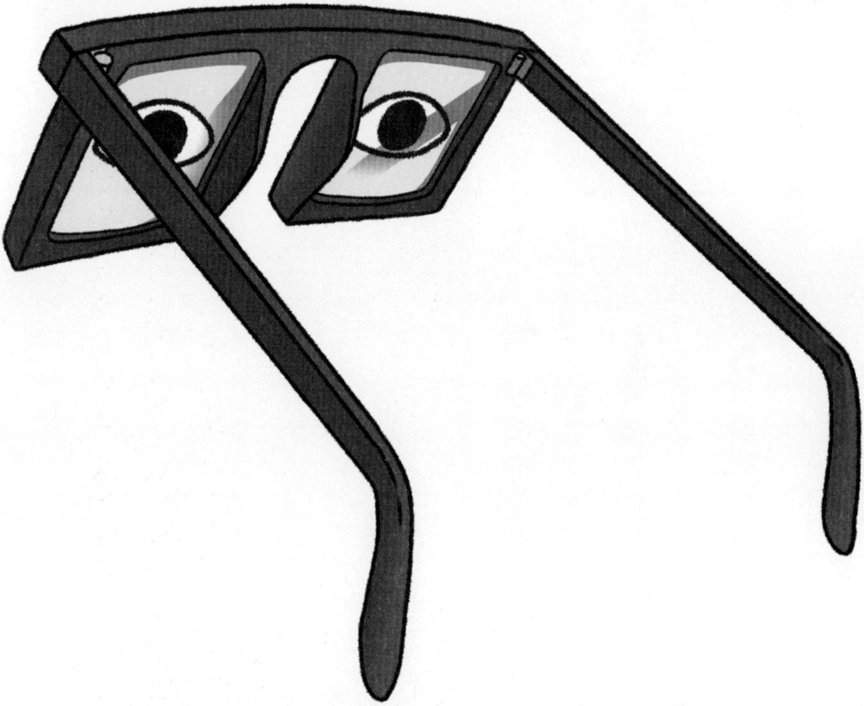

03 | 規範

第十一問

想像你是個美國大學生，到中南美洲去旅行。到了傍晚，你找個小鎮準備過夜，卻發現所有的鎮民都聚集在廣場，你好奇的過去圍觀，察覺是軍隊要槍斃一些人犯。鎮民對你說，這些要被槍斃的人犯是受到白人壓迫的印地安人，他們起來革命，但怎麼打得贏白人軍隊呢？現在被抓到了，要槍決示眾。你也覺得這些犯人非常可憐。負責行刑的軍官看到了你，把你找過去溝通，他說：「我知道你們美國人都很重視人權，今天這有二十個叛亂犯是要槍斃的，不過既然被你看到了，為了避免你跑回去講東講西的，所以呢，我就特別給這些人一個機會，只要你願意在這二十個人當中挑出一個，由你親手執行槍決，剩下十九個人，我就會把他們放走，如果你不敢殺人，我就照原來的計畫，槍斃這二十個叛亂犯。我已經給你救他們的機會，剩下你就自己看著辦。」你有兩個選擇，槍斃一個救十九個，或是直接離開，讓二十個都照原案被槍斃。請問你的選擇是什麼？

這故事是非常有名的思想實驗，也和各位在邁可．桑德爾「正義課程」中看到的「電車問題」相關。你會選哪一個方案呢？

其實選哪邊都不對，也都對。如果你選擇「殺一救十九」，盡可能救活最多人，就傾向效益主義立場，追求對最大多數人的最大效益。可是它還是有一點怪怪的。首先，你要是選擇殺哪一個人？老的？小的？學歷、能力高的？低的？有家庭的？沒家庭的？這需要更多標準，而且可能是不可量化標準。

如果是選擇不殺人離開現場，這類似義務論堅持「不可殺人」的原則，但這樣會造成二十個人死掉。不想殺人，但還是造成你原來可以救到的人死掉。那該怎麼辦？

這思想實驗，就是設計來批判只看重行爲的「行爲倫理學」，像是效益主義者和多數的義務論，所以如果你採類似的思維模式，當然就不知該怎麼辦。

「破解」本題之道，在於換個角度思考。有沒有可能選擇哪一個都對呢？有可能。這需要一種突破問題概念限制的理論。不是思考行爲，而是思考「人格」。

眞正的道德責任，其實不在於美國大學生的身上，而是在行刑隊的軍官身上。這個行刑隊軍官的突然要求，破壞了這大學生的「人格完整性」。人格完整性，是指人在「牽涉生命的重大選擇上」，享有最高的決定權，任何人都不得干涉，以免破壞我們的道德主體性。

決定是否殺人，當然是生命中的重大選擇，這軍官逼大學生做選擇，那錯當然是在軍官的身上。也就是說，不管大學生做了什麼決定，他都不需要承擔主要的道德責任。

當然，這不代表大學生完全沒有責任，他還是應該努力找出一個當下最妥適的答案。原本的問題有嚴格的想像限制（沒有其他選項、不能殺軍官），但如果解除一切限制，你能想到什麼樣的解決方案呢？殺了軍官？自殺？還是當兩倍葉問，「我要殺二十個」？

第十二問

就算是擁有了隱形能力，你仍然不敢做的事有哪些？

這問的是道德上不敢做的事。很多人就算隱形，也不敢隨意穿越馬路，因爲那樣更容易被撞到。這算安全上不敢做的事。

講到隱形能力，大家或許看過《魔戒》和《哈利波特》，故事裡都有能讓人隱形的道具，像是《魔戒》的戒指，或《哈利波特》的隱形斗篷。《哈利波特》的主角們將隱形能力用來行善，但在《魔戒》這本書裡，取得魔戒的人會用來行惡，甚至變得瘋狂。

隱形能力或魔戒的這個概念，來自柏拉圖《理想國》裡的「蓋吉士的戒指」這故事。蓋吉士是個純樸的牧羊人，有天發生地震，地裂開，出現一條通往古墓的路，蓋吉士進去之後，在眾多寶藏中只取出了一個雕像上的戒指。不久發生餘震，下去的路又消失了。蓋吉士繼續牧羊，卻意外發現這戒指扳動機關後可以隱形，於是開始作惡，到最後他殺了國王，娶了皇后。

他從一個純樸的人，擁有了隱形能力之後就變成無惡不作的壞蛋，所以這故事傳達出的倫理學立場是，人之所以爲善，是因爲有眾人的眼睛盯著，如果少了監視之眼，我們就少了道德動力。

有些心理學上的實驗也證明了這點。即便知道監視器不見得有接電，但你還是會覺得有人在看著你，而改變行爲模式。所以在道德上，我們都是「由外鑠我」，一定要人管，才會乖囉？

我們必須承認的確有一部分的「道德動力」需要來自於別人眼光的壓力，才能有效啓動。可是道德也有一些來自內在的動力，我們稱這個叫「道德核心」，是不太會受到外力而改變的價值堅持。

當你擁有了隱形的能力，你有可能會去做一些壞事。就像你在深夜，判斷闖紅燈不會被抓時，你也可能會大方闖紅燈。但這不代表你是「本質的壞」，在我們的心中總有一些部分，是不論有沒有人看到，都不會改變的原則。

這被統稱爲「良知」。良知或良心在定義上「吵很大」，多數人的良知部分包括了「不可殺人」，有些人連「不可傷人」都在其中，有些人甚至認爲「不可騙人」

也是他良知的一部分。

在這一題裡，我讓你挖掘看看自己道德核心的大小與範圍。要強調的是，這不是個「同心圓」比大小的問題，人我之間可能有明顯的範圍差異。有些人沒被看到的時候，也會堅持作息規律，認眞打掃、讀書，但對於殺人、傷人，只要沒人看到，是敢出手的。有些人在沒被看到時則是一等一的廢物，但他就算沒人看到，也不敢傷人，甚至連小蟲小草都不敢傷害。

人總有一些道德核心部分，不論大小與範圍，你都應該把它慢慢擴充，讓道德核心的部分越來越大。到最後，你將發現道德總該是爲了某種價値堅持而爲，並非只是想讓自己避去審判的目光。

其實孟子也是這樣主張的，但一講到他就很多人起賭爛，那我們就不談了。

第十三問

你認為笨的人被騙而有所損失是應該的嗎？

大家在回答這個問題的時候，不知有沒有考量到一個差異，就是「別人被騙」與「自己人被騙」之間的差別。

當你看到有些不認識的人，因爲所謂電話詐騙、網路詐騙而有所損失的時候，你可能會覺得「那太笨了吧！」「政府不是都宣導過那麼多次了嗎？」「被騙活該。」

但如果是自己或親友被騙呢？你可能就會義憤塡膺，「怎麼可以騙老人家呢？」「居然騙社會弱勢！」「就是利用我朋友很善良這點！」

你是否也是這樣的雙重標準呢？這是你該先自我檢視的地方。第二個値得深思的點，是我們總認爲資本主義社會的本質就是競爭，是比較個人能力來論勝負。商場上難免爾虞我詐，那戰到最後，輸的人，可能就是比較笨的那些。

你可以採取一些合法或合於道德的戰術，讓對手沒有查覺你的設想而掉入陷阱，甚而吃虧。這會被我們視爲「優勝劣敗」、「適者生存」，是自然的法則。所以，看來重點就不在於受害者是誰，而是行爲上的特性，也就是手段部分。如果你是用一些不合道德標準的手段，而讓笨人受害的話，那大家就會認爲這是錯的。但並非所有涉及「欺騙」的行爲模式都是錯的，絕大多數的倫理學家認爲，總可以找到一些欺騙行爲，是在道德上可以被接受的。

像是擺明了這個場所設有騙局，你還敢來挑戰，最後因爲被騙而有損失，那當然就不能怪我了。又或是騙你造成的損失很小，不要說是告官，你連罵我都懶，那也不算什麼壞事。此外還有一些騙術，就算你眞笨到掏出錢來，都還心甘情願，像早餐店老闆叫你「帥哥」、「正妹」，你就坐下來吃。

不過各流派對此似乎各執一說，沒有什麼共識，因此有些義務論者認爲不存在「合理的欺騙」，騙人都是錯的，大家就是要堂堂正正做人，當實話哥、眞話姊。另一票義務論者則主張建立公平競爭的制度，只要法律機制健全，大家在「開賽前」都訂好規則，那最後笨人被騙而有所損失，那也沒辦法，他就眞的是落敗者，不會是受害者。

但有些人會進一步質疑，就算你叫大家一起參與制訂社會規則或法令，但最後也都是由聰明人決定，因爲立法也是一場賽局。是以這些看似公平的制度，對笨人仍很不友善，他們不是站在眞正公平的起跑點。像升學考試制度，或是一些社會福利制度，最後爽到的，都是掌握制度的優勢階級。那該怎麼辦？

或許我們該換個角度來思考。中文的「應該」有種意思，一種是自然狀態，一種是道德推理。笨人被騙，當然是很「自然」的狀況，但我們也知道，就是因爲他們有這種自然的弱勢，所以在道德上應該獲得一些保障。別被中文的語詞混淆了，事實如何，不代表道德上就該如何。

對於欺騙，我們需要一種更嚴肅的立場。不是說要禁止早餐店老闆叫你帥哥，而是應瞭解這本身就是一種會使人快速墮落且不自知的行爲模式。

第十四問

你是有職業道德的殺手，甲黑道老大因此花錢請你去暗殺乙黑道老大。乙老大已經活到九十幾歲了，其他殺手都幹不掉他。你接下這case之後，仔細觀察乙老大的居住環境，花錢打通關節，買了非常多的武器，到了執行那一天，你想辦法一個人殺進乙黑道老大的豪宅，幹掉了很多保鑣，終於來到乙老大的房外。推開門，你卻發現乙黑道老大正好因為吃麻糬，哽到了，奄奄一息，眼看就快斃命。請問，你認為符合殺手的職業道德的做法到底是什麼呢？

這問題是普遍倫理與職業倫理之間的矛盾。黑道、殺手這類「職業」的存在本身就違背了社會的普遍道德規則，可是他們又自有一套道德原則。你作爲殺手的責任就是去把目標幹掉，可是你衝進去之後，發現他早一步快要被麻糬幹掉，那該怎麼做呢？重點是，事後能領錢嗎？

某些結果論者認爲，在他被噎死之前，趕快一槍幹掉他，這樣就完成自身的責任，那我還是可以領錢。

傾向義務論的人會持較高的道德標準，認爲麻糬已經快噎死他，是「正在死亡中」，那就不該說是我殺的，所以我不能領工資。

但也有兼顧手段與結果的人認爲，我站在那邊看麻糬把他殺掉，確定沒人來救他，也算是確保他的死亡，結果又和甲老大要求的一致，那就算達成任務，也可以領錢。

那當然，有些完美主義者是採取更「齊備」的做法，他會先用「哈姆立克法」，幫乙老大把麻糬吐出來，然後再一槍把他幹掉，這樣盡了救人的普遍道德義務，又盡了殺手的特殊道德義務，兩邊都滿全，這才是眞正的「優質殺手」。

哪種說法合理呢？這個問題是被刻意製造出來的極端狀況，在眞實世界幾乎不可能發生，所以你不用太執著於細節，請你著重在「體驗那種價值衝突與原理矛盾的感覺」。體驗完之後，你再來思考思考現實社會中各種並立的道德體系，應如何協調出一套互動模式，或是可能協調嗎？

我們是先依大社會的原則過活，其次才參考職業倫理標準嗎？還是反過來呢？如果我同時屬於兩個不同的職業或專業倫理群體，這兩者的道德標準之間存在矛盾，那我應該怎麼下判斷？

許多的道德衝突問題，往往不是因爲道德體系「當機了」，也不是因爲你太笨想不出答案，而是兩種不同的專業倫理標準起衝突，或專業倫理與普遍倫理間有矛盾。「工作」和「家庭」生活的矛盾就是這樣的例子。很可惜的是，對此並沒有標準的解決方案，你只能讓自己更熟悉這些道德原則及其背後的價值標準，並不斷的從實務困境中練習找到平衡點。

你不用因此覺得沮喪，你人生矛盾再難解，大概也不會像某位監獄醫生那樣難。他在幫死囚健檢時，該死囚突然心臟病發，他想辦法救活這死囚，但沒多久之後，這死囚就被處死了。那，他該救嗎？你又該做什麼呢？

第十五問

有個地勢低平的國家，多數國民因宗教信仰所以吃素。該國很容易碰到海水倒灌造成稻米減產。為了解決這個問題，基因改造公司提供了全新的基改水稻，這種水稻察覺根部鹽分上升，即海水倒灌時，就會快速拉高，盡可能避免稻穗部分受到海水的浸泡。該國大量種植這種稻米後，糧食產量也就穩定下來。不過，十年以後，該國農民開始回報一個現象，他們甚至因此不敢吃這種米。因為他們發現，收割稻米時，只要收成一小區域，鄰近地區的稻米都會開始快速的拔高莖節，好像它們會彼此通知危機，而且不想死。那這吃素的民族，可以吃這些不想死的稻米嗎？

一般素食者可以分成兩類，第一類叫做健康素食者，是基於健康而吃素的，我們於此不討論這種人。另一類是倫理素食者，他們認爲吃肉是錯的。那爲什麼吃肉是錯的？

其主要理由是動物並不想死，你把牠殺了，違背牠的意願，所以這是錯的。另一個理由，是飼養與宰殺都會造成動物的痛苦，而造成他者痛苦就是錯的。

這些問題能不能解決呢？現在還沒有辦法解決，因此倫理素食者的主張在當前仍有一定說服力。但將來，卻可能會出現在倫理要求上「潔白無瑕」的肉。

我們可以養殖沒有痛覺的基因改造生物，甚至可做出沒有腦的「肉」，沒有腦也就沒有求生慾，只是塊不斷成長的松阪肉，或雞腿。這樣的「東西」雖然是怪物，有些人可能基於美學理由而不敢吃，但倫理上的問題看來就不存在了。

這是運用科技去回應倫理素食者，看來雖怪，你卻找不到「錯」的地方在哪。

除此之外，倫理素食者的主張還可以從其他地方挑戰。像是很多吃葷的人，會質疑倫理素食者，說殺生若是違背動物的求生意願，那植物難道就想死嗎？植物只是不會表達而已，這不就欺負弱小，更加惡劣？

但有些極端的素食者，即「果食者」，還眞不殺植物來吃，他們只吃自然落地的果實，因爲他們認爲那是植物不要的部分。別以爲吃這種東西活不下去，他們人數有幾百萬人。

不過講到「植物的意願」，嚴謹的哲學家一定會批評這有過度擬人化的謬誤。現存植物的確會求生，但你要說他們有「意願」，因此會產生相關的道德責任，那也扯太遠了。植物是沒有意願的，甚至許多動物也沒有這方面的能力，一樣不該擬人化來思考。

但原題目中的水稻的確可能引發素食者的同情，我們也可以藉此掌握到一個道德重點：這或許不是用來要求他人的道德原則，而是用來要求自己的。

最後給各位一個小故事。原子筆的墨水因爲有用到動物性成分，所以嚴格來說，是葷的。我曾問某位「高僧」，這樣出家人還可以用原子筆嗎？

他說可以。因爲那動物都已經犧牲了，那殘餘的部分，我們就該基於感念而珍惜使用。「人能改變的不多，」他說，「但珍惜手邊的東西，不難做到。」

04 | 反省

第十六問

你最近一次「無私的判斷」，是在怎樣的情境之下呢？

我們開始要進入「吾日三省吾身」的反省區了。「無私」大家都會講，可是其概念不太好解釋。在多數人眼中，無私的行爲，應該就算是「利他」的行爲，把別人當成自身行爲之目的，就是「無私」。相對的行爲是「自私」，那就是以利己爲目的了。

不過利己主義者可不這樣想，在他們的眼中，所謂的「利他行爲」最終還是會指向自己。你是爲了讓自己有種滿足感、肯定感、踏實感，才去做利他行爲吧？所以利己主義者認爲「人不爲己天誅地滅」，人都是有利己傾向的。

批評者認爲，我們的多數行爲的確是以滿足自身爲目的，但偶爾還是會爲他人付出，也不見得有想過什麼滿足感、肯定感，或認爲這樣可以上天堂，往往是直覺、衝動的去幫助人。

你在從事利他行爲的時候，想的都是對方，而不是自己，在行爲之後，才會考量到自己（是不是付出太多，會不會有回報等等）。像是讓座給人，扶老太婆過馬路，給街友一些錢讓他能吃點東西，這些行爲在「啓動」之時，看起來的確是無私的。

但利己主義者還是會強調，這種行爲屬於你的「衝動—滿足」模式，本質上還是你個人欲望的滿足，助人只是達成這種滿足的手段，所以你還是自私的。簡單說來，只要你還會動，利己主義者就認爲你是自私的，你所有的行爲都是利己的。

不過「人所有行爲都是利己的」這說法會模糊「利己」這個詞的詞意。如果所有的行爲都是利己的，那到底什麼是不利己的呢？照前述「衝動—滿足」模式說法，那連「自殺」都是利己的。如果沒有不利己的行爲，那我們之所以發明「利己」這個詞的用意又是什麼呢？

因此「全稱」（「所有的行爲都是利己或自私的」）說法不成立，我們只能訂出一個相對的標準，有些行爲是相對比較自私，有些相對無私，而無私的行爲可能會在社會生活中獲得鼓勵。因爲資源有限，透過共享才能把現有資源發揮最大作用，所以我們會鼓勵無私的行爲。可是無私也不代表它一定是毫無節制的付出，一個完全無私的人可能會被別人壓榨，自己過得非常痛苦，這樣的生活模式不可能是良善的。

在無私和自私之間怎麼拿捏，是目的論倫理學的重要議題之一，這很可能不存在客觀標準，必須要參考你所處社會的價值觀，以及你過去的生活經驗，才有辦法提出最適合你個人的判斷原則。

透過隨時展開的自我反省，你可以掌握自身無私行動的頻率與數量，思考其效果與個人生活價值之間的發展關係。否則滿口「無私」、「愛」，卻想不出幹了啥好事，這不代表你是好人，反而證明你是G8人。

第十七問

互惠行為就是分享、互助，不論是你先還是別人先出手，請談談最近一次的互惠行為。

互惠行爲是建構社會的基本模式，多數出現在家庭。我們從小就學習跟家人分享所得，所以家庭就像是個共產的生活單元，共享利用多數資源。一旦跨出家庭，到了「宗族」、「村里」，互惠行爲就大幅削弱。

也許你在住宿舍、當兵的時候，會和室友存在一些互惠共享行爲，但到了大社會，面對陌生人，經常性的互惠行爲已變得非常薄弱。

互惠行爲可能包括了提供物質與提供服務兩個層面，總是會有一方基於善意先主動提出，而對方也認同這種行爲模式，並提出相對（但不見得能「對等」）的回報，如此不斷交流。

有些利他主義者認爲，互惠行爲要能眞正成立，不能預設要什麼回報，眞心爲了對方而提供自己所有，才能讓這種行爲持續下去。但利己主義者認爲兩個自私且計較的人也可能發展出良性的互惠行爲，因爲他們也會想尋找誠實可信者，互補彼此的不足，這樣才能讓個人利益最大化。

成功的互惠關係的確可以提升社會大眾彼此的信任感，當互惠行爲不斷衰減，社會可能面臨崩解危機。一切都只靠金錢買賣，生活壓力會漸漸變大，因爲互惠是基於善意，不太會惡搞，但買來的東西或服務都有可能有惡意造假的成分。

很多人懷念過去那種農漁村式的互惠生活，就是因爲那是個充滿互惠行爲的小型社群，能提供多元的內在價值。現代都市生活壓力大，在於單一核心家庭要照顧老人，又要照顧小孩，會耗盡心力。

而在過往的村落生活中，因爲有鄰里互惠機制，你家裡的老人會有鄰里來協助照顧，而你也會幫忙看著別人家的小孩，這樣子的互惠系統的確可以解決照護人力缺乏的問題。

那爲什麼我們現在不來這一套？你應該也注意到傳統村落的生產力比較低落。我們在現代生活中缺少傳統的互惠行爲，主要是把勞動力逼去從事高經濟價值的生產，這到底是好是壞呢？

我們現在是拚了老命賺錢，然後把賺到的錢拿去請人照顧老人和小孩，雖然能提升GDP，獲得更專業的服務，但可能也少了人與人眞情互動的關係連結，這可能讓我們感到生命枯竭。相對來說，也有人覺得和鄰里三姑六婆互動很累，他寧願花錢買這些服務，圖的是一個只有自己的空間。

那問題是出在哪？現在的問題是，我們越來越沒有選擇的餘地，只能透過花錢來解決。傳統的社群關係正在崩解，新的生活空間中又不存在足夠值得信賴的互惠關係。我們沒有了選項，買賣也就成爲威脅與壓力的來源。

「所以我們應該和樓上樓下左右鄰居打好關係，重建溫馨互惠社群嗎？」想得美，也想得太遠。先從確定自己最近一次的互惠行動開始吧。

第十八問

你看到別人生活條件變好了，雖然你自己條件不見得有變差，但是總覺得自己好像被搶走了什麼，這種感受常被稱為是相對剝奪感。那你最近一次產生相對剝奪感是什麼樣的情況呢？

有些人認爲，當代世界之所以有這麼多社會運動，最重要的背景推力就是「期待與現實存在落差」的相對剝奪感，而不是眞的階級壓迫。但眞正符合定義的相對剝奪感可能沒那麼普遍，多數人只是「嫉妒」而已，用「相對剝奪感」來包裝「嫉妒」，感覺就變道德正確了。

當我們看到有錢人住豪宅、開跑車，可能會覺得我們的勞動成果被他們剝奪了，他們才會這麼有錢。有錢人「都是」爲富不仁，錢「都是」從弱勢百姓身上賺取，他們不需勞動，只是躺在豪宅裡面，就可以透過領利息而越來越有錢。

這套概觀是否正確？對於社會正義問題，我們可以從很多角度切入，上述的想法只是其中一端，而且不見得貼近實情。對於大多數現代人來說，你到底擁有什麼，和什麼公司或產業發生關係，你可能根本不清楚。

你和有錢人之間，或許沒有「那麼敵對」，甚至可能是利益共同體。當財團企業傳出一些負面新聞，像是苛待員工、製造黑心食品等等，你常想像自己也是「受害者」。不過，你很可能也持有這些公司的股票。爲什麼？

就算你沒去證券行開戶，你也以某種非常間接的方式持有這些大公司的股票，他們賺到，你也會小賺到，他們損失，你也會有損失，即使只有寥寥幾元。

這是因爲你繳出去的大量稅、費、款，或是存在郵局、銀行裡的錢，又或是交出去的保險費，在轉了幾手之後，很有可能就投資在這些大上市上櫃公司的股票之上。不然，你的退休金放在銀行，就會自己變多嗎？銀行自己印鈔票？郵局的錢也常被拿去救東救西，你應該慶幸的是，現在看來基本上仍有賺。

所以每個人都可能「持有」鴻海或台積電的股票，只是你不知道。因爲金錢的流向已變得非常複雜，剝削者與受害者的界線模糊，我們在思考道德權利義務關係時，也就應該非常小心。

我們應該試著放下自己直接的敵意，研究看看自身資產的可能流向，再判斷自己是不是某個社會現象（例如無薪加班）的受惠者或受害者，還有這種現象是否符合道德標準。有些人可能會驚覺無薪加班雖然很「幹」，但公司會配股給他，他的損失會繞一圈回來。但這「回來」的部分，眞的「値」那些勞動嗎？這樣繞一圈的方式眞的合於道德標準嗎？

你只要仔細思考，可能就會發現相對剝奪感本身非常虛弱。那種感受不見得會涉及什麼社會議題，其產生往往就是因爲你隔壁的傢伙買了一支新iPhone。所以他剝削你什麼？或你只不過是想罵聲「Bullshit」？

那只是嫉妒而已，沒有什麼剝削。搞清楚眞實的互動關係，我們的行爲才能有效率，道德判斷才能有意義。

第十九問

你最近一次把責任推給「不特定他人」時，是什麼樣的狀況呢？

題目中的「不特定他人」，指的就是我們口語中的「大家」、「別人」，是用來推卸責任的代名詞。當我們碰到一些困難，或是犯下錯誤的時候，我們有時會選擇逃避，說：「我看別人都亂停。」「大家都遲交。」「沒人留下來呀！」「所有人都亂丟耶。」「台鐵看來沒有排隊的習慣。」

這樣的說法存在嚴重的道德問題。部分存在主義者認爲人生是荒謬的，總結就是一場虛無。就像推糞蟲一樣，努力了一輩子，才發現自己的成果不過是一顆大便。那人生爲什麼會變得虛無呢？

這是因爲我們總把自身的道德責任都推給「不特定他人」，而這個「不特定他人」是空虛的存在，所以我們就是把自身責任推給了虛無，最後我們的人生也歸於虛無，當然所作所爲看來就會非常荒謬。想從這種虛無之中解脫出來，就要自己主動負責。

雖然的確可能有人帶頭行惡，你才會「模仿」，但實際上「選擇」做惡的，還是你自己，你可以不用學他。把責任推給不特定他人，就好像是找了一大堆「分母」來分攤自己的責任，讓自己心理上好過一點。但就倫理學來看，找再多分母也「除」不掉的，因爲決定這樣做的是你，你的選擇仍是你的責任。

隱身在人群中，的確可能避免外在的道德責難，但這會讓你對於道德議題的敏感度弱化。講白一點，就是走向墮落。最後你只會磨耗自己的內在判斷力，從躲在人群，變成不敢反抗人群，到最後就消失在人群之中。爲了獲得一時的心安或方便，你變得失去自己的臉孔。

不只是推卸責任，許多人在選擇生涯的規劃與目標時，也都持類似的看法，因爲大家都學這個、因爲大家都去考研究所、因爲大家都在考公職，所以你也這樣做。我們可以藉此獲得心靈上的安適感，可是同時間，我們也抹消了自己的存在。你到底是誰呢？你就是大家？全家就是你家？

我們讓自己混入龐大人群之中，感覺好像有了可靠的行爲指引，但卻是迷失了自己的方向。一味的從眾，最後我們根本不知道自己是誰，也不清楚自己和別人的差異到底在哪裡，這就是虛無的來源。爲了安全感，卻只剩虛無感。

所以應該怎麼做？

你不見得有大破大立把自己砍掉重練的膽量，也不見得有跳出來對抗時局的勇氣，但可以試著從一些小地方慢慢建構出自己的獨特性。像是勇敢承擔做錯的責任，並找到眞實的原因。比如說爲什麼遲到？因爲自己懶散。爲什麼不排隊？就是因爲自己貪婪、因爲自己隨便、因爲自己想佔別人便宜。

不承認這些道德錯誤，就無法跳脫出逃避的心態。就算死不認錯，你也可以從承接責任開始。下次碰到「你爲什麼遲到呀？」的質疑時，不妨直說：

「因爲林北（林鄒罵）遲到就是爽。」

第二十問

你上次良心不安是因為什麼事？

良心是種非常複雜的內在道德能力，它會促使我們產生進一步道德行動，在道德行動結束之後，我們也會依良心進行自我省察。良心看來根本是倫理學界的萬用至寶，但我們對它的瞭解卻非常少。

當代研究者多半認爲良心是許多複雜機制的「概括統稱」。良心有天生的部分，這可能是演化出來的一些大腦功能，讓人類能彼此合作以組建社會，更有生存競爭優勢。良心也有後天學習的部分，就是在生理基礎的框架之外，透過家庭教育、學校教育、社會教育所慢慢養成的判斷模式。

那先天和後天的影響到底那邊比較關鍵？一來，我們目前對於腦科學的理解不足，二來，在展現爲外在行動之前，良心是種內在機制，我們無法進入他人的內心之中去比較和自身部分有何不同，也就很難掌握其完整樣貌。

此外，良心有時會被用來形容一些其實不太算道德推理的部分。像「良心發現所以沒吃太多宵夜」，是常見口語用法，卻不見得是道德上良心的核心定義。

也因爲這種認知落差，你我之間的良心在運作時可能會有蠻明顯的差異，這種不同可能會造成我們道德判斷上的差別。我認爲新聞中的某甲很沒良心，但你卻覺得這沒啥大不了。誰說了算呢？

爲了解決沒有標準的問題，有些倫理學家認爲依靠良心是不夠的，我們應該建立能客觀量化計算的道德原則，大家就能依這原則溝通、討論，取得共識，就不用依賴不太穩定的「良心」。

可是要建立這種客觀道德原則，我們需要「配分」給不同的行動或結果，那判斷「得分」的價值標準怎麼來呢？很可能又是要大家摸摸良心。這就又回到老路上去了。

雖然我們不太清楚良心到底是什麼，不過至少現在看來，這玩意不至於產生太大問題，而且人類會隨著社會發展而不斷修正良心運作方式，因此就算弄不清其機制，也不會造成立即的道德危機。不過有些人好像是比其他人要沒有良心，這又該怎麼辦？

根據有限的研究，或許是因爲基因或生理結構的關係，有些人的「良心」判斷能力遠遠不如一般人，甚至被懷疑完全不具有「將心比心」的能力。他可以透過客觀的量化道德原則來思考，也可能模仿其他人的行爲而展現出「將心比心」的態度，但這一切並不是來自於他內心無由的觸動，而是另有目的。

這不免讓人有點害怕。多數學者都承認並非所有人都能「教化」，有些人的確是教了也學不會，而且很可能是天生的缺陷。這代表死刑或永遠的隔離，是必須保留的一種社會控制手段嗎？

別忘記，我們對良心知道的太少，所以對於這個問題，也講不了太多有意義的答案。就讓我們繼續看下去。

第二十一問

假如時間倒退二十四小時，你最想改變的一件事情是什麼呢？

有些不是哲學家的人也可以講出非常具有哲學意味的話，像「人生就是不斷在後悔」。

的確，人生最主要的一件事就是後悔。我們總是覺得過去所做的某些選擇，如果可以修改的話，人生就能往更好的方向來邁進。光是一天的時間，就能充滿各種「值得後悔」的選項，像你買了個很鳥的早餐而非常不爽，而且光是這點不爽，就能讓你整天全無氣力。

若把時間跨度拉長，從一天、一個月，到一年，甚至十年，你就會發現，值得後悔的事會多到無從比較，甚至無法計數。後悔之後，如果能透過這種負面經驗修改將來的行動策略，那或許還能讓這樣的過程發揮意義，但在絕大多數的後悔狀況中，我們只是單純在後悔，徒造成心情不爽，而無實益。

有些「看得開」界的大師，認爲我們應該放下這種執著，掌握眞正的智慧，就能發現這一切錯誤和痛苦都是虛幻的。另一派大師則比較帥氣，他們認爲人後悔無用，反正鳥事總是會發生，甚至鳥掉的方式完全一樣，但只要擁有超強意志力，就算面對無法改變的人生現實，你也可以一無所懼的衝下去。

這些解決方案都很正向，但也太過極端。要求把人的智慧或意志發展到極限，你一定會碰到一個統計學問題，就是能做到的人極少。都說是極限了，能做到的當然少啊。

而且這些大師似乎忽略了另一個方向的可能：那就是廢到極點的人，蠢到破表的人，也可以突破這種不斷後悔的人生困境。意志力很強的人，他會覺得說我不需要改變任何東西，我能接受我的一切錯誤，勇敢大步邁進。智者呢，思慮圓融，他會說自己不執著於這二十四小時，他的思考範圍都是在超越時空的層級。

可是非常廢的，那種比死肥宅還死肥宅的人呢，他可能這二十四小時，或四十八小時，都是一樣的廢。他覺得沒啥好後悔的，甚至連後悔都覺得累，所以根本不會想這種事。笨人也是一樣，他們不會回想過去的錯誤，就是傻傻的生活。這些人都不怕面對過去，當然過去的苦痛就不會成爲未來的負債。

所以，大師們是否把問題想得太嚴重了些？要追求大智慧，追求最強的意志，最後都不如毫不在乎，蹲在一旁挖鼻屎的人？

「沒有經過檢視的人生不值得活！」「寧作痛苦的人，不當快樂的豬！」所以多想，多思考，然後為了過去而苦痛，再想辦法用智慧或意志脫身而出，才是真正的好？但人家說不定就是開了大智慧，有了意志力，才貫徹廢到極點的生活呀？沒人規定思考過後的結論一定是認真生活吧？

與其思考於一堆讓你後悔的事，不如多觀察那些看來很廢很蠢的人，是不是真的離「人生目的」比較遠。別忘了，許多人後悔的主題，就是生活過得太認真。

那，什麼時候會有這種後悔？

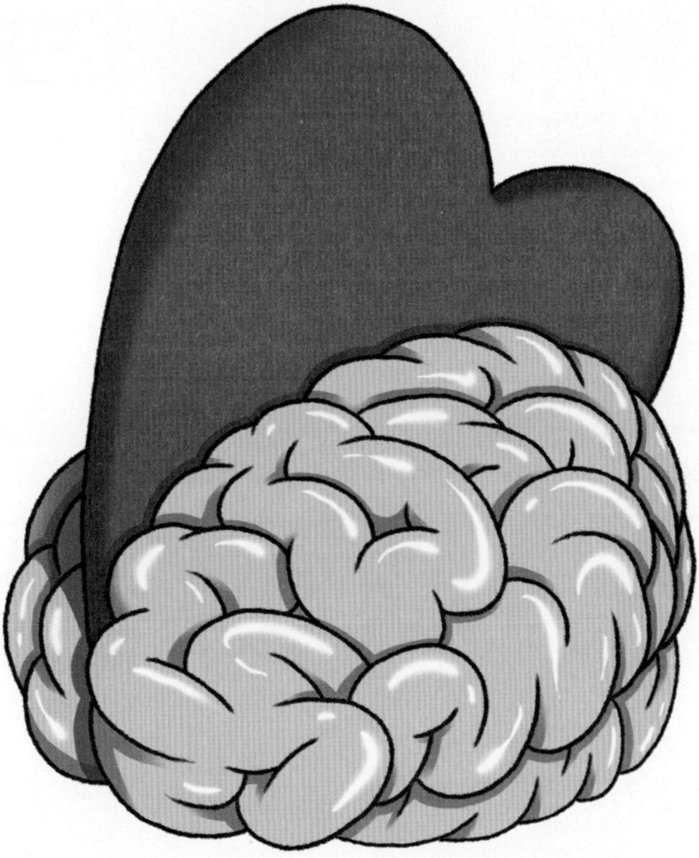

05 | 德性

第二十二問

什麼狀況下，你會立刻決定犧牲自己的生命去幫助他人？

像是在充滿幼稚園小朋友的公車上發生會爆炸的車禍意外嗎？

倫理學裡有個概念叫做「超義務行爲」。大多數的道德行爲也會是「道德義務」，人人都應該去做，像是「幫助有需要的人」。但有些行爲明顯超過一般道德要求，像是「衝入火場找人」、「跳入洶湧的大海裡面去救溺水的小朋友」，這些就是超義務行爲。

看到這類行爲，社會大眾多半會稱許，但不會要求所有人都照做，因爲這樣做的風險眞的太大了。我們現在也不會要求你跳入海裡面去救溺水者，會告訴你要先將救生圈或竹竿之類的東西拋擲過去，再尋找專業的救助者來救人。

這是考慮到我們能力有所不足。不過對於眞正敢犧牲自己生命去幫助他人的人，就算大家覺得那有點蠢，卻還是會給予稱讚。「又蠢又偉大」，感覺有點矛盾，那超義務行爲在道德上有辦法找到穩定的地位嗎？

較嚴格的倫理學家認爲不存在超義務行爲，這些行爲仍是一般的道德義務，只是多數人的意志力比較薄弱，所以做不到，就稱這些是超義務行爲，好像自己就沒了責任。實際上有錯的是我們這些軟弱的人。

算得比較精的大師們，有些也認爲不存在超義務行爲，但他們持負面看法，認爲這些行爲是愚蠢又衝動，根本就是錯的，不應去鼓勵，我們給予這類行爲正面評價，其實是一種錯誤的作法，會教壞小孩。

但上述兩種說法都太過偏頗，因爲他們採列的超義務行爲通常都是一些非常極端的例子。若回歸超義務行爲的簡單定義：「不做不會被罵，做了會被稱讚的重大義舉」，就會發現超義務行爲還頗爲常見，而且並非所有的超義務行爲都會犧牲生命。

像是許多神父、修女在落後地區奉獻一生拯救困苦的人，這也是超義務行爲。我們會稱讚他們，但也認爲沒必要所有人都這樣做，因爲他們這樣做有其價值選擇，而人生還有其他層面的選擇。若所有人都耗盡一生去做慈善工作，這社會將會變得怪怪的。沒人生產了，大家都在做慈善。

但我們至少可以確定超義務行爲存在，它是可以選擇的重大良善行爲，不是必然的道德義務。超義務行爲也可能從小小的可選擇行爲發展起來，像「捐款」是種可選擇的道德行爲，但如果一捐數十年，就變成超義務行爲了。

當然，你可能一生都不會做出有重大價值的超義務行爲，但你可以思考超義務行爲對你個人的意義。若眞有一車幼稚園小朋友急需你出手相救，你會因爲怕死而先落跑嗎？還是想都沒想就衝進去？爲什麼？

不論你做了什麼樣的選擇，重點都是在於行爲之後的延伸性。如果你選擇落跑，雖然不見得有人會怪你，但一想到獨自生還後的世界，你或許會發現「恐懼」這件事，比你想像來得複雜。

第二十三問

是否不論貧富、階級、一般人或是身心障礙者，所有人都有慈善的義務呢？

上一題談到捐錢，那這邊就來看看慈善這種道德行爲。

社會永遠會存在一批需要幫助的人，有時這些需求是透過交易而得到滿足，若是無償提供他人物質或服務，那除了「補償」或「回報」之外，就算是慈善行爲。慈善行爲是最具代表性的利他行動，也是人類社會的潤滑劑，可以減輕資源不足所造成的紛爭，並且強化社群向心力。

因爲牽涉到資源重分配，不少人認爲慈善是資源較多的人（也就是白話文中的「有錢人」）的義務，或是「能力越強，責任越大」。這會對有錢人形成一種道德壓力。

雖然大家會逼有錢人捐輸，但相對來說，我們也會肯定一些財力或能力普通，卻願意大方捐輸或協助社會大眾的人。像是陳樹菊，她雖然只有一個小菜攤，但捐了上千萬，這已算是超義務行爲的等級。

我們會不斷的找出這類型的慈善家當做模範，可是這些社會基層慈善家就算捐出了自己絕大多數的財產，可能也只有幾千萬的數額。但像郭台銘，他可能隨便一捐就是好幾億，甚至幾十億、幾百億，這種規模的捐贈額，其實可以抵過一大堆的陳樹菊。

就效益角度來看，我們似乎更應去鼓勵或讚美類似郭董這樣的人，但我們不太常這樣做，甚至郭董如果捐個兩千萬，很多人還會責怪他爲什麼捐這麼少。那我們爲什麼會傾向鼓勵小型捐贈人，而非這些大額的捐贈者呢？

這牽涉到一種病態的價值觀，即認爲「劫富濟貧」是正確的行動。郭台銘有錢，而大家是貧，所以從他那分點錢來花花，不用特別感謝他。不過「劫富濟貧」這原則，當然在倫理學上無法證成，因爲有錢者的財富不一定是不正義的。

那是否人都有慈善的義務？不只有錢人，就算是明顯需要別人幫助的人，也該有慈善行爲嗎？

慈善牽涉到一個根本德行，就是勇氣，而勇氣的定義是「犧牲自己去幫助別人」，所以勇氣並不是非常兇猛，衝出去把人亂砍一陣就算，而是他衝出去時，清楚自己是冒著風險爲別人付出，但仍願意犧牲自己。

有倫理學者主張勇氣是我們社會生活中的三種必要德行之一，能讓個人與社群結合在一起，並產生內在價值，是以每個人都應該在社會生活中適度犧牲自己去幫助別人。就平淡的日常生活來說，你不需要砍人，那這種犧牲自己之勇，就會轉化爲慈善的行爲。因此每個人就都應該從事慈善行爲。但怎麼做才適切呢？捐到什麼程度？

提醒一點，雖然慈善是種道德義務，但只是用來自我要求，不是用來要求他人的。重點在於能有個自我交待即可，那怎樣算是有交待呢？我看過一個標準不錯：「比你開始心痛的程度再多一點。」你心會抽一下，就有犧牲了。

第二十四問

你修一門課，老師開學時強調這學期他會點名三次，三次都會計入成績計算。但直到只剩三次上課，他都還沒有點過名。你認為這老師應該在最後三次上課點名嗎？

「大學上課點名」一直是個充滿爭議的主題。「算得清楚的人」會認爲，依學生跟老師的權責關係，並未授予老師點名的道德權力，因爲學生是付錢去購買某些服務，老師是提供服務者，所以應該是要求老師不能缺席，而非要求學生不能缺席。

實務派則認爲，老師以點名形式來要求學生出席，是本末倒置，他自己應該提升課程的素質和內容，讓學生主動想來上課，而不是用點名這種方式強迫人家來，人家就算來了坐在那邊，靈魂又不在，只有肉體在而已。當然也有保守派主張老師點名是天經地義，師道浩蕩，天下無敵，非點不可。

我們先放下這些爭議，回來看原題。老師約定要點名，就「合約」或「信用」的角度來說，那就應該要點名，因爲他跟學生有信賴和承諾關係，學生很認眞的都來了，但是他沒有點，就是老師失約。而且相關成績要怎麼出呢？那又是一種約。所以他最後三次上課時，應該要點一點。

有些「師尊派」認爲，點名是老師自主的裁量權，他也許不想點，打算從別的地方出成績，都是可以的，老師跟學生的約定，也只是僅供參考，因爲有一個更高的道德原則（「老師是神！」）支持老師可以隨時修改規定。他就算最後一次上課時連點三次，那也說得通呀！

不過，一旦引入更高的原則（「師道」或「大學中的慣例」）來取代現有的約定，很容易陷入無限後退的爭議。你引了個相對高層的原則，我也可以引更高層的原則，最後大家高來高去，「無限上綱」，說不定都進入宗教的層次了。

要認眞看待這類型的問題，還是應該先區分法律部分和倫理學部分。就法律部分來看，我雖非法學專長，但在大學任課的期間已多次收到校方「警告」，說千萬不可以用點名來當學生。爲啥呢？因爲有學生去告官，說學校用這出缺席當他，讓他二一被退學，是違法違憲。結果呢？

學生贏了。所以在法律上最好小心點。那倫理部分呢？倫理上就沒那麼嚴肅，雖然大家可以拚命高來高去，但是如果老師眞的和學生有約定，那的確應該執行點名，沒有履行約定的話，那就是老師的錯。

即便這老師擁有某些更高的道德地位，讓他能決定是否點名或給成績，但在「約定」這件事上，他沒點名，就是有錯。多數的當代倫理學家都認爲道德責任是無法「抵銷」的，你爲了救路倒的人而失約，你還是要爲失約而致歉，並取得對方的原諒。若你的態度是「我是去救人啦！怎樣啦！和你約吃飯是有比這個重要嗎？」我想大家都會認爲你腦子有問題。

所以，那些隨便修改和學生之間約定的老師呢？嘿嘿。

第二十五問

你最信任的人出賣你，你會有什麼損失？

信任是我們當代社會最重要的德行之一，因爲我們絕大多數的人際關係都非常脆弱，多數人一生只有一面之緣。我們只能信任這些第一次也是最後一次見面的人，像是路過的小吃店家，隨手招來的計程車司機等等。

那他們會不會出包呢？還蠻常的，像黑心食品事件就是破壞了這種信任。當代社會的法律監管機制在這個層面上永遠都不足，因爲要管的項目太多，而政府人力與資源有限，因此我們只能轉而從道德方面來思考如何建構有足夠保障的互動關係。

建構信任的順序是「先信任他人」，接著努力做一個「値得信任的人」。爲什麼信任他人要排在前面呢？因爲若不先信任他人，你根本就不用活了：水不敢喝，東西不敢吃，連走出去都要擔心車子會不會闖紅燈。你只能先信任他人，並且也讓自己値得信任。

這種對陌生人的信任，雖然會讓你壓力很大，但因爲他們和你的關係比較淺薄，所以造成重大損失的機率很低。相對來講，對熟人或親友的信任，就可能存在很大的風險，而我們多數人卻根本沒有仔細進行評估過。

本問題我曾問過許多學生，有些學生的回答讓我非常訝異，他們最信任的人是男女朋友、室友，或是「超商店員」。他們會把個資、證件或印章交給這些人，由他們來代爲處理一些私人的事務。

這些人可能只是生活領域和他們比較接近，就獲得高度的信任，實在是讓人捏上一把冷汗。當然不是說有親戚關係才値得信任，有時最賤的人就是親戚，甚至是父母，但這些同學信任這些「外人」時，顯然沒有先進行風險評估和損害控管。他們只是覺得這些人可以相信。

有時冷漠無情的人，像是商業上的合作對象，他基於某些營業的誠信關係考量，有時甚至比家人還値得信任。但那也是經過長時間的互動，取得一定程度的信用値之後。

我們往往還是要透過複雜的人際關係機制來「綁定」信任感，而越無法割離的關係，就越容易「綁定」。所以我們通常還是較信任親人，因爲親人之間的關係是很難切斷的，我們會基於這點而比較認眞維護關係，以免造成之後相處的麻煩。至於其他的朋友，除了採用對陌生人來說的「先相信原則」，就是要時時進行風險評估，並預作損害控管，像是在交出去的身分證影本檔案加上不易察覺的浮水印說明。

防人之心不可無，害人之心不可有，雖然是古之雜談，但到現在也是基本的立身之道。你當然可以放寬心與人交遊，但那是基於你已做好了萬全的準備。我們不信任他人，就無法踏出家門一步，不過別忘了，你最忠實的朋友，大概就只有你自己。

第二十六問

你認為酒醉駕車，然後平安回家，沒有發生車禍，這樣有錯嗎？

很多人認爲「酒醉駕車」這件事就是錯的，但是講不出爲什麼，就只說是「違法」。但「酒醉駕車」不見得違法，要超過法律規定的量，或是失去正常駕駛能力（也有個標準）才是違法。

而且違法不見得是道德錯誤，法律和道德有重疊部分，但也有不一致的地方。可能有不違法卻違反道德的狀況，像是天天在家耍廢不工作；亦可能出現違法卻不違道德的情形，公民不服從就是這類狀況。那酒駕算公民不服從嗎？

先別想這麼遠。大多數人對於酒駕有直覺的反感，可謂深惡痛絕，這是因爲我們聽過許多酒駕造成無辜者家破人亡的慘況。這也讓酒駕在政府眼中成爲「公共危險」，是不定時炸彈。多數人也採用這種標準，認爲「很有可能造成危害卻不自制」，在道德上就一定是錯的。

不少倫理學家也主張酒駕是錯的，像是義務論者，他們認爲這個行爲本身具有惡的特質，因此本來就不該做，不論結果如何。不過，某些目的論者採用了特殊的道德原則，可能會接受部分的酒駕，甚至超過法律標準的酒駕，他們也能證成，像是「酒醉駕車但是平安回家」，就可能反而是對的。

因爲這種目的論者認爲，我們不能只看酒駕的行爲本身，還要看到其動機。飲酒者之所以還要開車，大多數不是想去撞人、輾人，酒駕的眞正動機通常是爲了「省錢」，這會對應到「節儉」這種德行。若還加上他判斷自己的駕駛能力沒問題，並很專注的把車平安開回家，那麼這從動機、手段與結果都很理想，實在很難說是道德上的錯誤。甚至我們還應該嘉許他，因爲他「進行了一個節儉的動作」。

這種倫理觀點雖與我們一般對酒駕的想法牴觸，但你也會承認，就是因爲有類似想法的人太多，所以酒駕才會抓不勝抓，所以這派目的論者並不孤單。要破解這種倫理推論的方法很簡單，就是調高罰金與攔檢率，自然可以讓他「節儉」的成本考量破功。

但這還是沒有回應一個更根本的道德問題：爲何一個可能有威脅的人在街上跑來跑去，會是他個人的道德錯誤呢？我們的確都可能因爲某種個人特質，而被認爲對大眾有威脅，像是非常容易暴怒。所以社會能基於你是不定時炸彈，就限制你的自由嗎？

爲什麼？爲了大家好？大家是誰？若要訂一個客觀道德標準，由誰定？爲什麼這個標準可以限制人的自由？是人的自由比較根本，還是安全的保障比較根本？或許因爲大家都很討厭酒駕，所以這一連串問題並沒有被仔細的思考過。

酒駕相關的立法，往往會讓法學家繃緊神經，因爲這可能越過一些關鍵法理的邊界。你不用懂太多專業，你只要知道，「憋尿」有時會讓駕車者的判斷力下降，其影響程度和酒駕類似。所以憋尿駕車，也該抓起來嗎？

第二十七問

你住在一個巨大淡水湖泊的中央，就像水庫中間的小島。對你而言，節約用水是有意義的事嗎？

義務論者認爲節約用水這件事本身就是對的，不用管它的實際成效如何，即使你身邊可用的淡水非常的多，也不用擔心缺水的問題，但是你還是應該省水。省水可以磨練你的心智，強化你個人的道德特質。若行爲本身是好的，就應該不計結果去做，因爲結果有時和人的運氣有關，不見得能控制，所以由結果去判斷道德的對錯，可能會有偏誤。

相對來說，結果論者認爲行爲結果是決定一事的對錯的最關鍵要素，如果你住在巨大淡水湖泊的中央，水多到你根本用不完，那麼節約用水就沒太大意義，因爲你省水所帶來的效益很低，低到難以計算出來。當然結果論者不會說節約用水者是壞人，但也沒辦法說這是多好的一件事。

持環保立場的批判者可能認爲結果論者想得太短淺，沒考慮到「外部性」。因爲「節約用水」的結果不只於個人層面，如果某人浪費水的話，也就代表他會產生很多污水，如果他處在水源區的湖泊中，就可能造成他人的困擾，污染了公共水源。

但結果論者主張，一個人在普通生活狀況下造成的廢水，相對於水庫這麼大的水體來講，實在是很難說有什麼具體影響，頂多就是讓你心理有些陰影。除非巨大淡水湖泊中央住了一大堆人，而且他們又一起浪費水，那他們的集體行爲才能產生眞正的負面影響。

那這個問題是否有標準答案？沒有。不過這問題可以再次讓你感受義務論者和結果論者在思考倫理議題上的局限。前面已經提過「行爲倫理學」，他們是以單次或一類行爲來判斷對錯，但我們人類行爲的道德價值要參考更大的背景脈絡，才有辦法定奪。本題的問法，很容易讓你陷入行爲倫理學的困境中，但在眞實的場景裡，我們並不是用這種方法進行倫理判斷的。

眞實的道德判斷會參考更多的細節。我們會考慮到水庫的自然環境，它是一個原始的自然的湖泊嗎？是生態保育區嗎？是水庫嗎？還是你家開鑿的人工湖呢？是否在水源區之中？你是年輕或是老？你平日生活的作息爲何？是否本來就於此地工作或生活？當時的自然氣候狀態爲何？外界是否缺水？這些問題都會影響到省水的道德判斷。

你會發現自己的思維並非義務論或結果論，而是「全部都要拉來一起討論」，如果沒參考這麼多要素，那做出來的判斷，可能意義就不大了。所以企圖找到簡單的公式，以一刀兩斷的態度去解決這個問題，會是不負責任的做法。要評估對錯，你得花上非常多的時間找答案，而多數人沒這個耐心。

這是否代表我們並不關切眞正的對錯呢？也不能這樣講。我們多數人對於道德仍有一定熱忱，但都誤以爲有標準答案的存在，而輕易打斷這種追問的過程。

06 | 美學

第二十八問

有懸掛藝術品的廁所會比完全沒有藝術品的廁所來得好嗎？

不知道從什麼時候開始，公共廁所出現一些很便宜的假畫、假花，當然也有一些是眞花，或是貼一些笑話、靜思語之類的東西。有些百貨公司的廁所更是浮誇，甚至比百貨公司本身還漂亮。可是這樣子的做法有意義嗎？

若說這類藝術品或「巧思」多少可以美化環境，但那些畫你眞有認眞看過嗎？若沒認眞看過，又要如何美化環境？你知道它是畫，你知道它是要美化環境，可是沒看的話，眞有美化嗎？只是在牆上多了一個東西而已。

我們當然可以大方承認那是藝術品，因爲它是爲了藝術目的而被創作或出現的，即使它畫得很差、非常凌亂，但仍然是藝術品。可是有藝術品的廁所，眞的有比沒藝術品的廁所來得好嗎？

實務派認爲，這是浪費錢去買無用的東西，你應該把花在這東西上的錢，還原現值給這些廁所的使用者，像是免費的衛生紙、更乾淨的如廁環境等等，廁所不是人會停留很久或專心欣賞藝術的地方，應該務實。

教育派認爲這些藝術品多少可改善我們的生活環境，提供各種美學刺激，對提升人的美學意識是有幫助的，就算現在沒人懂，將來也會有人懂。可是如果這些藝術品沒有任何人會注意，好像也沒辦法進入「懂」的層次。

我們不妨換個推理方法來思考。我們的原題是想像一間公共廁所，它有一幅畫，那有這幅畫，會比沒有畫來得好嗎？這幅畫根本沒有任何人會看，就連它掛在小便斗前面大家也不想抬頭，那這間廁所眞的會變得比較好嗎？

接著，我們把問題延伸。有兩個藝術品的廁所，會比只有一個藝術品的廁所來得好嗎？即使這些藝術品都沒人看，但數量增加了，眞有比較好嗎？

接下來，是有三個藝術品的廁所，和只有一個藝術品的廁所，哪個好呢？

最後，是有一百個藝術品的廁所，和沒有藝術品的廁所，到底哪一個比較好呢？

到了一百個藝術品的時候，也許有些人會說太誇張了，擺那麼多藝術品幹嘛？這本末倒置了，廁所就應該是廁所啊。但也有人認爲，這時我們應該換個角度思考，這是藝廊附設廁所了。

透過量的想像，你應該會注意到，當我們在思考美學問題的時候，有時會把「應不應該」的道德意識滲入。美學「應該」和道德結合在一起嗎？當我們批評一個藝術品太爛和不必要的時候，是不是也有種「善小而不爲」的味道呢？

有些人認爲太爛的藝術品會傷身或傷心，其存在就是不道德的，但爲什麼對你造成美學傷害就是不道德？醜人活著也不道德？也許你就是一幅「正義的爛畫」想要消滅的對象呀？有些爛畫可能就是畫來讓壞人氣死的。

先想想藝術品的定義，再思考美學和道德之間的關係，最後你也許會發現，根本沒注意過這些畫的事實本身，或許就是問題的答案。

第二十九問

你認為低俗與高尚是主觀的，還是有客觀的標準？

因爲受過教育，多數當代人都能快速區分低俗和高尚。你清楚某些服裝、音樂、生活模式是低俗的，難登大雅之堂，而某些相對的行爲模式是高尚的。穿西裝是高尚的，穿吊嘎是低俗的；聽古典音樂是高尚的，聽Hip-hop，或吵吵鬧鬧的音樂是低俗的；逛貴婦百貨是高尚，逛夜市是相對低俗；吃百元牛排是低俗，吃法國餐廳的牛排就相對高尚。

我們心中的確有個標準，可是它是主觀的，還是客觀的呢？主觀的當然就是基於個人經驗的偏好，客觀則指它有固定的外在標準可以衡量。

高尚文化的支持者、擁護者，多半認爲可以找到客觀原理來支持其喜好，像是他能說明這首古典樂爲何卓越，其精彩之處在哪裡，不同大師的演繹又能傳達出什麼樣的訊息。

當然，你聽不懂、看不出來，那就是可惜。這也不能說是你的錯，因爲這是客觀的知識，你可能是從小沒機會接受美感教育，所以才無法分辨。

但如果有客觀標準，那這個標準又是怎樣來的？因爲對應到某種宇宙運作的秩序？有些美學家、藝術家甚至在創作時就把其作品對應到整個宇宙的秩序，因爲他們認爲這樣能展現高階的和諧。

不過，爲什麼對上了宇宙秩序，我們就會覺得美呢？眞有宇宙秩序嗎？宇宙秩序是否只是用人的感官所把握到的有限事實，再經人的歸納能力整理出來，其實只是「人以爲的有限秩序」？

質疑者認爲，高尚和低俗都是來自於優勢階級所安排的口味，他們把自身的喜好和秩序定義成宇宙的秩序。那些美學和藝術原理，不是「被發現」的，而是「被發明」。

統治者會獎勵這些他認定的精緻文化，但並不是只用自己的錢去滋養這些高尚的藝術，他也會拿大家的稅金來去補助。連不懂這些東西的窮人也要掏錢出來。

就像我們有市立國樂團、交響樂團，其運作甚至是公家機關的形式。我們會花錢去支持高尚的娛樂，可是對於低俗的娛樂呢，政府卻很少拿錢出來，他們甚至只會被罰錢。我們沒有國家搖滾樂團、沒有市立搖滾樂團、沒有市立饒舌歌手這種東西，至少現在沒有。

百姓不聽的東西，爲何要百姓掏錢來養？這些藝術家們自己也思考過這個問題，並認爲應該推廣精緻（另一種「高尚」的說法）文化給所有納稅人。可是庶民大眾就算學了之後，就一定會買帳嗎？他們該買帳嗎？

就算眞有客觀的美，那我們爲何要獎勵這種美？爲什麼我們應該追求美？再次提醒，別輕易從美學跨入倫理學，除非你知道自己所持的理由是什麼。

第三十問

現在有非常多的實境節目，從選秀競賽類到美食旅遊類。你認為實境節目的真假重要嗎？

大多數人看到實境節目這個詞的時候，想到的是「選出一些人來進行某種比賽」的選秀節目。不過實境節目的範圍頗廣，賣點是「眞實情境」的娛樂性節目都可算在內，所以像是Discovery頻道的多數節目，或是街訪美食、旅遊（行腳）節目，都可以算在內。

因爲訴諸眞實，所以如果美食節目中介紹的店家並不存在，你鐵定會認爲這太誇張了。但有時眞假之別沒有那麼強烈，最常見的狀況，是眞去吃時，發現並不如電視中所言那麼好吃。

對於節目的眞假，我們常有個簡單的區分標準，就是認爲連續劇這些東西可以假，實境節目應該眞，甚至不「該」有假的部分。

可是如果實境節目非常「眞」，它會變得很難看，收視率會很低，那就沒辦法幫公司賺錢了。像歌唱選秀節目，第一集找了五六十個參賽者，每個人唱一句後，你就知道誰一定會贏，那之後還看個屁？

所以他們就必須投入一些「劇」的元素，找非常厲害的「大魔王」把實力最強的人給挑掉，使比賽白熱化，或者是讓已淘汰者再次回來，又或是加入一些愛恨情仇、矛盾衝突。

當前的實境節目，這類「調味」的部分是多了些。雖然多數人批判這「太刻意」、「看起來很假」，可是這些部分就是有收視率。但假的太過度，就不叫實境節目，完全是連續劇，它就不應該賣弄「眞實」這個特點。

這就牽涉到不同節目的「本質」。像 Discovery，如果拍了一個介紹非洲的節目，結果裡面所有動物都是假的，你一定會覺得這不可被接受，因爲這台主要承擔的是知識性的責任，知識面應該求眞。

但其他節目的求眞目的並不強烈。過去有些美食節目嘗試做眞實的表述，結果收視率非常低。因爲他就是一條街從頭吃到尾，吃到不好吃的，就說不好吃。你可能看了二十分鐘，都是不好吃的。那看這節目幹嘛？避免踩到同樣的地雷？

同樣的，若選秀節目就是如實推出的話，你也會覺得無聊，爲什麼呢？因爲找一堆年輕人擠在同一間房子之中，進行學習、考驗、競賽，這不就是大學的教室嗎？大學教室有什麼好看的呢？大家一點都不想看啊，所以都沒人來上課呀！

但如果投入了「劇」的要素，那就大不相同了。請想像有天你去上課時，某位女同學突然起身，從教室後面走到最前頭，賞了另一位女同學一巴掌，大罵：「妳這個賤人！」

你就會覺得今天來是值得的。

你自己也很愛這套，對吧？那怎麼能要求人家節目完全求眞呢？他又不是做慈善的。這也就是爲何我們需要公視，又不需要對其他節目太過認眞的原因了。

07 | 比較

第三十一問

你覺得是現實比較荒謬，還是夢境比較荒謬呢？

我們將進入一連串的超級比一比。發現自己原初目標與實際結果之間存在落差，不知該如何適從的古怪感受，就是荒謬感的最大來源。荒謬並非一無所得，你可能在事件的進行過程中都覺得滿意，但可能努力了一輩子，某天卻發現自己想要的、自己得到的，好像沒啥意義。

而在做夢的過程中，你會覺得蠻有意思的，但到了醒來的一刻，卻發現那全無章法，亂成一團，也不知道經歷這一切的意義是什麼。所以談到夢境與現實，許多人直覺認定夢境是虛幻、虛假的，因爲跟現實比起來，夢境總是跳來跳去，沒有邏輯，當然是比較荒謬的。

不過，若把同樣標準放在現實生活中，你會發現雖然一切看來更有秩序，更明確，也有開始與結束，但若是反省其價值，你也會察覺現實生活充滿了各式各樣的荒謬感，甚至比夢還荒謬，因爲你爲現實付出了更多。

因此若要比荒謬，沒有哪邊必定會勝出。不過，夢畢竟還是夢，和現實是有差別的。如果不是差在價値部分，那是差在哪？

有知識論者認爲，說不定沒差。我們以爲的現實，也可能是夢境，或許要等到「死亡」的瞬間，才會在另一個世界醒來，然後發現之前以爲眞實的一切，其實都是夢。

但醒來之後就確定是「眞」的世界嗎？也不一定，你可能在這「第二人生」中死掉之後，會在「第三人生」醒來。然後「第三人生」是眞的嗎？不一定，也許有第四人生，很多很多人生。那有眞實的世界嗎？到底什麼是眞的？

這些知識論者認爲，我們感知到的世界可能都是假的，可以確定的是「有一個我在作夢」，「有一個我在思考」。因此能確定眞正存在著的，只有「思考的我」，所以「我思故我在」。

咦？很耳熟哦！

那我們現在是否也活在某一層的夢境中，在我們死掉之後，才會在下一層的夢境或眞實世界醒來呢？這樣子的想法也催生了《全面啓動》（Inception）這部電影，電影中透過在夢境中的戰鬥與掙扎，反覆檢視生命的意義。

人不一定要活在眞實的世界才能產生價值或掌握價值。即使是在夢境裡，只要你活得快樂、活得認眞，努力達成個人的目標，即使沒有獲得眞正的成功，你仍然可以獲得一定程度的價值，即使那是在夢境之中。

多數的個人價值是在生命過程中獲得的，並非只看結果。所以如果你有個美好的夢境，它帶給你的價值可能不遜於眞實的人生。我們可能永遠無法確定現在身處的世界是否眞實，但就算是眞實，你卻過的十足空虛或非常痛苦，那「眞實」又怎樣呢？

就認眞過活，連夢裡也熱血。我熱血故我在。

第三十二問

你認為是記得多的人比較幸福，還是記得少的人比較幸福？

我們建構自我主體的方式，主要是透過「記憶」。我們可以回想小時的事件，然後審視自己是如何一路慢慢成長、發展到今天。我們清楚自己的生命脈絡，並且透過這個脈絡建構價值觀，形塑一個從過去、現在到未來的人生規劃。

因此大多數價值必須要和個人記憶相互印證，所以你沒辦法想起來的東西，就算別人說那多有價值，你也覺得沒啥意義。假設你幼年時家族曾經非常富有，但你想不起來，那就等於完全沒爽到。

是以有人主張「記得多」、「記得快」的人會比較幸福，記憶力強者能擁有較多腦內資源，可隨時想起過往重要的片段，供現在利用，或是反芻其中價值。

也有人認爲記憶力比較弱的人才幸福，因爲多數人生經驗是較偏向負面的或是痛苦的回憶，爽事記不住，痛苦卻以心靈創傷的方式不斷影響你。所以你記憶力越強，記得的卻都是一些負面東西，這一點都不好。

仔細分析這兩種說法，你會發現記憶力並非爭點，因爲那只是種能力而已，如果都用來記垃圾事，就會覺得記憶力強一點用都沒有。所以重點可能是人生觀。有些人樂觀，所以他記得的都是那些好笑、快樂的事，記憶力強，當然就越好。有些人較負面思考，他總是無法擺脫負面的過往，所以記憶力太強反而是痛苦。

在學術這種領域，記憶或背誦是否重要，一直有爭議。二十幾年前，台大哲學系的老師曾分成兩派論戰。一派認爲能背就背，背越多原典，學術底力就越高。另一派則認爲「查得到的東西就不用背」，想確定時再去翻書就好。

到了網路能提供好幾種版本《論語》的現在，誰勝誰負，大概也不用我特別說明。這代表「記憶力派」全面潰敗的一日遲早來臨嗎？

我記得「不用背派」老師說過這樣的話：「也不是完全不用記啦！但是，我帶你們思考過一次，你們大腦照這樣運作過一次，就永遠會記得。」這也是我在安排本書內容時所採取的布局策略。你還是要記，但記的方法和內容要調整。

記憶力仍是重要的社會競爭力，被我們稱爲「失智症」患者的人，通常不是失去運算能力，而是記憶部分出了問題。在現實生活中，記憶力越強的人，可能會比較方便，不需一直找資料，但隨著現在協助記憶的3C工具越來越發達，背誦或記憶能力對於人生成就的直接幫助也就變小了。

多數科技人主張，記憶力只會越來越不重要，我們可能會更加依賴雲端或各種儲存載體，那這樣的世界，到底是好是壞？

有些人抱持著憂心的態度，認爲過度方便的世界可能對於人類形成威脅，某天如果這些電子設備不能用的話，人類又該怎麼辦呢？當我們沒辦法Google，是否連家門都走不出去？

但眞發生這麼大規模的電子破壞，整個人類世界可能也崩解了。那時你也不用擔心照片不見，你想的應該是怎麼找紙來升火。

第三十三問

一個為期一百天的工作，總薪資報酬十萬元。有兩種領錢的模式，第一種是每天領，你做一天，就可以領一千元，第二種是最後一天結束時一次領十萬塊，提早離職，就在離職日結清之前的工資。請問你會選擇天天領，還是最後領呢？

大多數人選擇天天領的人認爲，他是「錢要落袋」才能心安，即便對方保證最後一定可以領到錢，但他就是要現領。而且多數人都有經濟上的困難，不可能撐一百天不用錢，所以每天固定領，他才能活得下去。

另一派的人認爲如果太早拿到錢，他大概會隨手花掉，做到第一百天，他就什麼都沒有，只不過是多活了一百天。若到最後一天，一次領到十萬，這十萬「具體到非常有感」，他會拿去做投資理財、做做小生意等等。

到底誰是誰非？

進一步來看，天天領的人可能認爲，先領可以先用來投資，或至少存起來生利息。但最後一天領的人會主張，這種金額與日期所能帶來的利息非常少，各位如果有存過錢的話，你就知道活存利息眞的少到連把金額印在存摺上，你都嫌它佔了一排空間。所以你選天天領先拿去活存，若扣除每天領錢、存錢手續的機會成本，的確意義不大。

天天領的人會補充說明，他比較看重當下滿足，像是透過消費行爲來獲得滿足，他也不想要過這麼長的苦日子，他要現買現爽，天天買天天爽。最後一天領的人，則還是會強調「延遲享樂」的重要性，認爲一次十萬在手，消費行爲選擇彈性大，創造出來的價值將更強烈，更「猛」。所以他會先把錢「儲蓄」在老闆那邊。

這兩造都承認自己有消費欲望，只是解決方式不同：直接花，或是人家幫我管帳，最後才花。感覺後面這種比較道德正確？這還不到倫理學議題的程度，但這是兩種不同的人生觀，可能會影響你的職涯選擇。

商業體系通常會鼓勵消費，透過消費來創造經濟成長，也有人說我們應該多儲蓄，才有辦法累積資本來投資。整體國家的財經規劃，就交給經濟學家來傷腦筋，我們要思考的是個人價值觀的問題。

依我的授課經驗，多數學生會選天天領方案，正如社會上多數人只想當小員工、考公務員，領固定的薪水，這就是天天領的延伸，追求的就是種安心感。

相對來說，選擇最後領的「忍者」、「賭徒」，則是「老闆腦」。他可以控制消費欲望，累積資本，另一方面，他也願意承擔最終日老闆跳票的風險。他爲的不是領薪水，而是拚大筆的。所以眞正的老闆能忍著「毛三到四」的超低盈利，甚至長期虧損，就是等待機會來臨時再大撈一票。

「可是那要忍一百天苦日子耶，說不定還要借錢，看人臉色。」

這就是爲什麼「有錢人和你想得不一樣」。你只看到那些翻身暴富的人在爽，卻忽略掉他們前一段的苦日子和風險。

第三十四問

你認為是在大自然溪流裡面的魚比較快樂，還是有錢人家水族缸裡面的魚比較快樂呢？

講到這個「魚的快樂」，大家會想到莊子與惠施的橋上之辯（濠梁之辯）。莊子說：「橋下的魚很快樂」，惠施反問：「你怎麼會知道魚快樂呢？你又不是魚？」莊子再回：「你又不是我，你怎知道我不知道魚很快樂呢？」惠施又回敬：「我不是你，所以我不清楚你知道什麼，但你也不是魚，所以你也不會知道魚在爽什麼呀！」

最後是莊子收尾：「你一開始的問題，是問我怎麼會知道魚快樂，不就代表你清楚我知道魚很快樂？我是在橋上看到的呀！」這場辯論嚴格來講，應該是惠施贏了，因爲莊子有點錯解了惠施最初的問題意向。但是莊子名氣大，大家都感覺好像是他贏了。這是「他心問題」，也就是追問我們能否進入他者的內心，不過於此我把問題範圍放大，還牽涉到價值觀的部分。

大自然溪流的魚，雖然生活空間可能大一點，可是牠必須面對自然災害，包括缺乏糧食、氣候改變，還有一些天敵、獵食者，人類也會改變牠的生活環境，也可能碰到疾病，所以大自然溪流的魚會有「自由」，但是牠的存活率很低，一百隻幼魚，可能只有一兩隻能成長到繁殖期。有自由，但沒那個命。

有錢人家水族箱裡面的魚，可能獲得穩定的食物、安全的環境，不會有天敵，甚至還會有醫藥治病，所以牠的生存率會高一點，不過魚缸再大，也比不上溪流，「自由度」就差了些。有命，但沒那個自由。

但「生存率」和「自由度」都無法直接和「快樂」這個概念作連接，因爲快樂和活下去是兩回事。有些人認爲魚活在自然環境裡比較適應牠的本性，因此牠活在溪流中會比較快樂。也有比較科學立場的人認爲，大家總是擅自設想魚有什麼「本性」，然後再判斷何處會比較適合牠，這都是人的價值判斷，和魚無關。魚哪有什麼價值判斷呢，魚的本性就是生存競爭而已。

生存競爭的結果就是演化。原則上來講，魚演化出來的生物習性或許會比較適合大自然原來的溪流，可是有錢人家的水族箱，或許也是針對大自然的溪流去做模擬設計的，而且更加安全，才能提升魚的生存率，並滿足有錢人的觀賞樂趣。魚的生存率越高，不就代表這個環境越適合牠嗎？如果對應本性就是「快樂」，那水族箱中的魚才快樂吧？

討論到這，你大概已經發現不對勁的地方了。你已察覺人類的「自以爲是」，就像惠施聽到莊子發言時所產生的「不適感」，這種不適感，才是這類思考的眞正關鍵。我們總以爲自己「是爲了別人好」，是「將心比心」，所以自己在道德上「比較正確」、「比較崇高」。眞的嗎？

莊子的確開拓了人類的美感世界，但其腦補的程度過高，有時還是該煞車一下。不是對莊子，而是對自己。

第三十五問

電玩公司推出非常強大的虛擬實境人生遊戲系列，你可以挑選自己想要的人生，其中包括六十年以上的生命經歷。過程完全是第一人稱視角，會有五感五官的完整體驗。這公司在第一波推出了兩款虛擬人生的遊戲，第一款是「與你所選擇的偶像明星共度一生」，第二款是「郭台銘的一生」。你認為在台灣買哪一款的人會比較多呢？

我們總是想要過別人的人生，也都羨慕某人的人生，可是如果真可以選擇的話，你會選擇哪一位名人的人生呢？

「郭台銘的人生」，我們已經確定他是一定可以成功，會非常富有，可是他也經歷過痛苦的階段，挺過很長的失敗與發展期，到中年以後，事業才開花結果。可是開花結果的時候，也不是一路順遂，他必須面臨經營公司上的很多不愉快，像員工跳樓，經濟不景氣，不確定將來方向，找不到接班人等等，甚至要求員工別抽煙，還會被罵「關你屌事」。

而工作之外，也有親人過世，被指責是血汗工廠的社會批判壓力。有時你甚至會想他到底有沒有時間花錢，有沒有時間休息。這是你要的人生嗎？如果你有機會過和郭台銘一樣的人生，你眞的走得完嗎？或者是你能成爲郭台銘嗎？

而「與你所選擇的偶像明星共度一生」，是很多年輕人的願望（當然中年人也可能有這樣的願望），有些偶像劇就是這類的劇情。可是如果夢想成眞，這種想像空間無限大，根本不知結局會如何的人生，眞的是你想要的嗎？

雖然你可能很沉迷特定偶像，也迷了很久，但如果要和他相處，你可能只願意跟他共度一天，頂多共度一週，你要跟他共度一生，就會有很現實的問題了。比如說你配不配得上他呢？他跟你的互動是否愉快呢？等他老了，不再是明星了，你還能跟他保持同樣的互動情意嗎？

你現在能保持對他的喜愛，可能是因爲彼此之間有一段距離，又是一對多的關係，若是一對一，天天緊靠在一起？偶像不再是神，化成了人，恐怕一切都不同。

這類型問題可以刺激我們思考，到底是別人的人生有意義，還是我們自己的人生比較有意義。

我們看名人的人生，掌握到的都是片段，是呈現在媒體前的部分，或是你跟他親身接觸、交換經驗時所得到的一些資訊。那些部分可能讓你有點羨慕，但他人生還有很大一個部分是你不知道的，一旦你接觸到這些未知的部分，你還願意走這條路嗎？

因爲做媒體這行，我有機會接觸到許多名人，我只能說，這些名人也都是普通人，也是要吃飯睡覺，會做很一般的蠢事。他們也許收入較高而讓你羨慕，但他們的犧牲或損失，也可能是你完全無法接受的。

所以，不是你沒那個命，而是有那個命，也可能搞到沒命。

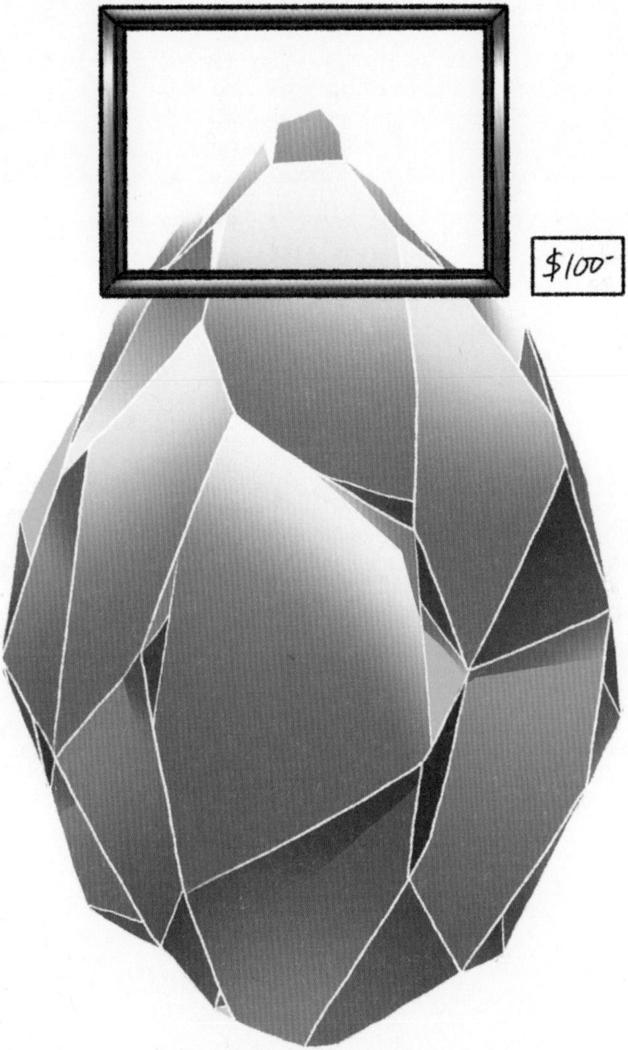

08 | 價值

第三十六問

知道真相是最重要的事情嗎？

對於許多從事學術研究的人來說，「求眞」是他們最主要的工作，可是離開學術界，絕大多數工作可能沒有那麼熱衷於「求眞」，有些可能著重「求美」，爲了美，有時就要犧牲眞。

有些工作甚至是要對抗「眞」的。不能說這就是騙人的工作，但是大家爲了做生意，會想辦法遮掩部分眞相，利用資訊不對稱來謀取一些商場上的利益。用「隱瞞」來形容好像很負面，但說是「商業機密」，你就懂了。

像有個產業意外好賺，但大家都還不知道，如果你想辦法遮蓋好賺的訊息，並自己率先投入，當然就能大撈一票。

有一千多年歷史的基督宗教哲學認爲，求眞、求美、求善還有求聖，是「可以」也「應該」整合在一起的，這些行動是同一種行動。所以藝術創作也要看重眞實性與道德性，當然也要有宗教性，所以才會有那麼多宗教藝術。

大概在啓蒙運動之後，思想界對求眞的執著上升到最高的位置，也不認爲這些追求應該整合在一起，有些部分（求「聖」）更應該捨棄。因爲受到啓蒙運動的影響，絕大多數受現代制度教育的人都會熱衷於追求眞，也認爲「眞」就是最高的價値。可是我們追求到的這些知識，眞能滿足我們人生的終極目的嗎？

在追求眞知的過程中，很多學者發現，雖然求知活動本身有一定價値，可是它的結果和機會成本往往不成比例，就算你個人有所得，整個社會也不見得會接受或理解。

像一輩子從事科學研究，個人或許可以從其研究中獲得很大的樂趣，可是也因此損失了正常的家庭生活，或是少了其他面向的發展機會。如果讓他再選擇一次，他還會選擇科學研究這樣的人生路徑嗎？講說對全人類有貢獻，但「全人類」到底指的是什麼？全人類眞的在意嗎？還是他在自爽？

當代價値學者認爲，「求眞」只是一種活動選擇而已，這個活動方向可以產生一些價値，但是其他的人生活動也可以產生價値，各種價値之間可能難以比較，也各有意識形態支持。從事科學研究的人，可能會認爲沉迷宗教者的生命一點意義都沒有，但後者天天都快樂，而前者每天都爲了經費和實驗失敗而苦惱。所以呢？假設沒有天堂和地獄，死了都散成原子，那種人生比較「好」？

每個人對價值的設定不需相同，用單一標準去套，會有過分自大的危險。認爲求眞是人生第一要務的想法，其實也是種信仰，因爲你沒辦法證明求眞是最重要的事，這只是多種並立的價值觀之一，其之所以成立，是靠相信，不是靠證明。

知道眞相不見得是最重要或唯一重要的事情，有時就算不知眞相，你也可以創造出許多不同面向的價值。價值才是重點，眞假只是輔助。耗費一堆成本去弄清眞相，可能讓你找到更多的價值，也可能只是發現眞相之外的另一個眞相：自己的一生，還蠻無聊的。

第三十七問

對你來說，完全沒有遺憾的死亡，其條件為何？也就是你覺得死而無憾的條件。

「死而無憾」好像這是個蠻容易理解的詞，不過當你拿來放在自己身上思考的時候，就會察覺似乎不太容易拿捏其中標準。

你可能會設定某些「人生目標」、「終極目標」，或「終極關懷」，是要耗盡一輩子去達成，或者非常努力才能達到的。可是達成之後，你就沒有遺憾，然後可以死了？

似乎不見得會有「達到後就可以死囉」的目標。有些人可能會願意爲了特定目標而犧牲自己的生命，包括爲了自由、平等、博愛、正義、道德、國家的存續，或是某些榮耀？這是他個人的看法，但你呢？

對你而言，人生目標或許沒有單一的最高目標，但可能有逐級上升的目標金字塔，可能包括有房有車、子孫滿堂、家業永續之類的，一層一層疊上去，如果你眞有辦法達成，那達成之後就等死了嗎？

你可能又會生出新的慾望，因爲人的慾望是建構出來的，你本來死而無憾的條件是環遊世界一圈，那你回來之後，好玩的地方你想再去一次，或是環遊第二圈，又或是本來是繞赤道一圈，那接下來是南北縱走繞一圈。

我們總是不斷地新增出慾望，因此我們的人生目標會不斷演進，在年輕時去設想一個人生終極目標，然後認爲自己對此死而無憾，其實非常危險，因爲你可能兩年後就有新目標了。

不過，我們隨時可以透過「死而無憾的條件」這樣子的問題，來釐清我們當前所設定的人生目標是否合理。想錯目標是一回事，但多數人是想都沒想過，就這樣盲目活著。所以你可以透過這問題先大概確認一個方向，然後反覆思考這個目標眞的是沒問題的嗎？它適合作爲終極目標嗎？會不會達成之後，突然覺得人生很空虛？

你也許二十五歲就達成，那你接下來人生要幹嘛？後來的人生可能有五十年以上，那你要等死嗎？或直接去死呢？這樣好嗎？這樣對嗎？

當代學者已經不太建議人生的終極目標。多數人都認爲，就算人生要有最高目標，也會是一場「探尋之旅」，你人生的終極目標就是去尋找人生的終極目標。聽起好像是會無限循環的廢話，但簡單來講，就是你該好好過活，認眞過活，碰到每件事，都思考這和我的生命有什麼關係，能產生什麼意義或價值。

就算沒有什麼長遠的規劃，你把眼前的每件生活小事都做好，都努力，盡可能去獲取藏在食衣住行活動之中的價值，你的人生就算隨時「切斷」（就是掛了），也會是幸福的。幸福的答案就是努力地去過現實的生活，不管你是屬於社會的底層，還是一出生時就滿口都是金湯匙，都有你生命能掌握的小小的幸福。感覺好像不難？

其實很難。如果你沒想過要自己努力找答案的話。

第三十八問

你認為有比人命更重要的事情嗎？

部分自由主義者認爲人命是至高無上的，所以他們反對戰爭，甚至也反對死刑，他們認爲人類之所以組成國家和政府，就是爲了保護個人的性命，所以政府就沒有資格剝奪公民的性命。

但是除此之外還有很多政治哲學的派別，他們認爲社會的存續更重要，我們甚至應該犧牲一些人命來維持群體的生存發展。社會主義者與多數社群主義者會支持這種犧牲少數以成全多數的觀點。

在普通民眾裡，認爲絕對不能犧牲人命的非常的少，有的話大概也是具特定宗教信仰的人。而進一步來看，即便是熱愛生命的自由主義者，也能想像出一些情境，在這些狀況下可以犧牲生命去追求一些更崇高的價值。像是爲了追求自由（不然他們爲啥叫自由主義者咧）而發動革命，或是爲了維持自由的社群而發動戰爭殺人。

那到底什麼能和生命換？在什麼樣的狀況下能換呢？剛剛提到了自由，那「金錢」呢？有些守財奴，他願意爲了金錢而犧牲生命，「殺頭生意有人做，賠錢生意沒人做。」這話你應該聽過。

你搞不好也常做一些以「命」換「錢」的事，像是用自己的健康來換取工作機會。而且有類似想法的人好像越來越多了，但這樣做值得嗎？我們賺那麼多的錢，是爲了什麼？

雖然很多人以命換錢，但也仍有不少人是看重生命的，把養生當成一輩子最重要的「事業」，他之所以這樣吃、這樣喝、這樣做事，都是在想辦法延長或保護自己的生命。

他把保護生命這件事情看得比一切都還重要，但除了他以外的人，可能不覺得那樣過日子有多好。像要活得久，就要吃得清淡。他也許可以「淡到」一百歲，但那樣的生活模式，或許一個月就能讓我們這些「吃重鹹」的人想撞牆而亡。

所以到底有什麼比人命更重要的？人的「價值觀」可能像階梯或金字塔型，有奠基在底部的，也有你努力攀爬的最高點。對你而言，最高階的部分放了什麼？

可能是某些理念、某些價值，當然也可以是自己的生命。

你也可以去思考排第二階是什麼、第三階是什麼。有些人會把生命放在第二階、第三階，有些人最高處不是「自由」、「生命」這些概念，而是比較具體的事物，像「家庭」、「房子」。怎樣排比較好呢？

這只有你自己能做決定，別人頂多提示你一些可能方向。但你可以運用本題的比較形式，來思考上下兩級的正確排列順序，或對你而言最有意義的排法。

有些人會想到本題的細微部分。他認爲比人命更重要的事情，就是「某一些人命」。這答案是什麼意思？《搶救雷恩大兵》就是這樣的故事，但他們眞的是在搶救雷恩的命嗎？

第三十九問

你認為有絕對不可以交給電腦代為處理的事務嗎？

專門下圍棋的電腦AlphaGo贏了人類棋王之後，很多人擔心電腦完全控制人類生活的那天很快就會來臨。實際上電腦早就全方位入侵我們的生活，人類的食衣住行育樂都有電腦控制的成分，而且遠比你想像的要深入。像是台北捷運，正常狀況下它不是由司機開的，是由行控中心在控制，司機多半只是觀察上下車的狀況。

有些事務我們認爲電腦更值得信任，像是財務金融、股票的操作。這種瞬息萬變的數字，有時候交給電腦來處理，可能還更加的安全，所以多數人願意改成電腦下單。

可是有些事務，保守派認爲還是交由人類來操作比較好，像食物生產。雖然工業化的農牧事業很發達，在種菜、種水果、養雞、養鴨各方面，自動化機械已可做到非常接近人工照護的水準，可是許多消費者仍然認為要由農夫親自來種植、養殖，這樣吃起來會「好」一點。

在生產效率上，電腦已在許多層面超越人類，甚至連新聞的寫作，電腦都可以寫的比人更好。就算現在還是用人力生產文字，但記者有時還眞的鑾像是「文章生產器」，只是用相同的格式在生產新聞。若能設計一套軟體，透過網路抓取即時新聞，進行文字的評析、重構，也可以取代人力的新聞寫作。

某些台灣大媒體還眞有這樣的軟體，但還是很初階，需要人力去教它，它才會成長到符合實際需求。但現有記者和編輯都不願意配合這種軟體，因爲知道這東西將會取代他們的工作。雖然對讀者來說可能看起來沒啥差別，但這也代表人類的工作機會將越來越少。這就是種危機了，生產都交給電腦，那人類呢？

將來我們可能會把生活中的絕大多數的事務都交給電腦操作，如果電腦能創造最大的性滿足與進行最安全的生育，那甚至連「性」相關的活動也不再由人與人來進行，或許同樣會交由電腦來控制。

批評者認爲這可能會破壞人類文化的核心價值。如果所有的體驗都是來自於電腦的刺激，人類只剩快感，而沒有實做的過程，這樣舊有的人類文化就會完全崩解。

但電腦眞會發展到那種程度嗎？我們很難預測未來人類對電腦科技的依賴會是什麼樣的程度或方向。一九八〇年代，大家所設想的是在二十一世紀初，人類已移民到月球與太空殖民地，生活也多半交由機器人照顧。到了眞正的二十一世紀，人類選擇了另外一條路，不但個人電腦普及化，也發展出網路與智慧型手機，這反而是一九八〇年代不看重的。

人類有隨時發現不對勁而修正的能力，就像我們捨棄殖民宇宙的計畫一樣。如果不理解一九八〇年代的人類想什麼，就去看最早期的動畫《機動戰士鋼彈》吧。那個沒有網路也沒有手機，卻有薩克的神奇世界。

第四十問

有位九十歲的老太太，滿臉都是皺紋，每天還是要花兩個小時塗塗抹抹保養品，你認為她這樣子的行為有意義嗎？

實務派會認爲這樣塗當然沒有用，只是在浪費錢而已。都這麼老了，臉都是皺紋，保養是要幹嘛呢？若眞以爲除紋霜可以完全去除皺紋，那大概就是像千頌伊說的「大腦打除皺針」了。自爽派則認爲，她塗塗抹抹若是用她自己的錢，反正那錢生不帶來死不帶去，花掉就算了，她爽就好。

看起來好像是個價值觀的問題，沒啥標準答案，但透過這問題，我們還是可以思考一個比較細的區分，即做事情的價值是來自於「結果」，還是來自於「過程」，也就是手段。

行爲都可以分成手段和結果兩個部分（此外也有人會再區分出動機），顧名思義，結果論比較看重結果，需要有好的結果，行爲才是有正面意義的，而義務論多數認爲手段本身就能展現特定的價值。

對於判斷價值可靠性的方法，又有從「可量化」部分來下判斷的客觀派，還有以「內在個人體驗」爲基準的主觀派。

老太太的塗塗抹抹活動，可算是「保存」的行爲。這種保存欲很常見，即使某東西已破破爛爛的，人類也想保存。讀者朋友應該也有這類的習慣，會收藏一些曾經用過的東西，即使它完全沒用，但你還是會把它放在抽屜裡面。

少數人亂收藏的情形很嚴重，眞的變成資源回收狂，讓整個家變成垃圾屋。也有人在蒐集漫畫，或是一些特別的書籍、CD，買了之後也沒打開，保持原包裝，把它整齊的收存起來。

你可能會想問他買這麼多的書，有在看嗎？如果沒看，那意義是什麼呢？這些人之所以會收藏這麼多東西，是因爲透過收藏手段，透過把書放進書櫃的保存動作，他就能獲得滿足。他並不是透過看書行動達到滿足。

雖然我們在生產書的時候，多半期待讀者能透過閱讀來創造滿足，可是有些人就是透過收藏獲得更高的滿足；你也不能說收藏書產生的滿足不算是滿足，或是一定會輸給閱讀的滿足。

也因爲這樣，爲了強化「可收藏性」，書本的「外在」，也就是裝幀的部分，就成了當代商業出版的決戰點之一。因爲紙本書市一直萎縮，爲了支撐起營運最基本的銷量，各出版社都在強化可收藏性，讓讀者除了滿意內容之外，也可以透過持有或保存紙本書獲得額外的滿足。

賣音樂CD的廠商更是此道專家，有些歌手的CD贈品已變成歌迷主要追求的東西，那片CD反而不重要了，因爲聽歌都用下載的。

有些人批評這是本末倒置，但到底什麼是「本」呢？讀書是本？聽歌是本？皮膚變好是本？還是「快樂」才是本？我們眞的清楚我們自己在幹嘛嗎？是不是因爲我們總搞錯自己在幹嘛，所以才那麼不快樂？

第四十一問

科幻電影中的造夢機，可以讓你在睡覺時進入設定的夢境，在夢中做許多醒著時來不及做的事。假設造夢機真被發明出來，你認為這對人類社會來說，到底是好還是壞呢？

電影《全面啓動》提供不同的哲學問題面向，也讓我們對造夢機的想像有更完整的瞭解。造夢機可以利用人類目前還沒辦法運用的睡眠時間，你可以在睡覺時繼續生產或運算知識內容。像是製造一個讀書、學語言的夢境，或是利用睡眠的時間來打電玩練功，就不會影響到你白天的生活作息和工作。

就此來看，造夢機的確很有可能被發明出來，甚至比其他科幻產品（像鋼彈或薩克）都還要有可能，因爲它有明顯的商業利益，能讓生產者大撈一票，這是科技被開發出來的最主要原因，因爲科技始終來自於人性。

我們現在沒辦法利用的睡眠時間長達六到八個小時，當然這六到八個小時不可能都在作夢，我們也需要讓大腦休息，所以能利用的夢境大概只有兩到三小時。

不過在作夢的時候，因爲我們不需要操作肢體，所以夢境的進展速度可以非常的快，雖然不見得跟電影所演的一樣是「十倍」速度，但至少快個兩三倍是沒什麼太大問題。

一旦擁有這個造夢機器，人們很可能不只是利用它工作、讀書、打電玩，甚至會製造出一個龐大而持續的夢境，讓我們能活在這個夢境裡面，甚至沉溺在這個夢境裡面。這類似吸毒，我們可能只想活在這自行打造的理想國。在電影中，也提到有人因爲現實生活太過痛苦，所以他們寧願不斷的打麻藥讓自己活在夢境裡面。

考量到現實人欲，多數人會對造夢機所產生的影響感到悲觀，認爲眞有這東西的話，可能用來生產者少，拿來享樂者多。有競爭力者將更強大，他可以用這機器大幅提升產值與盈利，廢物則會更墮落。

眞的會這樣嗎？個人電腦開始普及的時候，也有人提出類似的擔憂，他們認爲用個人電腦從事生產活動的人少，多數會用來玩電玩，所以最好別讓小孩太常接觸電腦。不過個人電腦一路發展至今，對大多數個人電腦的使用者來說，「工作」

與「休閒」沒那麼截然二分，上網看臉書，可能是做生意，也可能是打電玩，也可能把打電玩當成一門生意。

看看人類的現有科技，我們已擁有多種能讓人沉迷的高科技產品，像智慧型手機，其生產力更弱，娛樂性更高，但眞正會沉迷於此的，還是特定的一些人，多數人還是過著平凡的生活。菸酒也是擺在那邊，會卡在裡頭出不來的，也只有一票人。

或許我們該問的問題，不是這東西的好壞，而是爲什麼有人能夠控制它，有些人卻反而被它控制。

第四十二問

你自認是傾向包容多元文化，或是只能接受單一文化呢？

「多元文化」和「單一文化」雖是在探討文化類型時可能涉及的用詞，但這兩個概念本身非常模糊。像台灣是單一文化，還是多元文化？

我們有客家文化、閩南文化、原住民文化、外省文化，但是閩南文化參雜了來自平埔族的要素，或來自日本文化的部分，客家文化也有非常大的內在差異性。所以到底什麼叫做單一，什麼叫做多元？

有些人非常堅持保持文化的純淨度，我們可能會稱之爲「單一文化」論者，但從別人的角度看過去，他搞不好是能包容多元文化的人，因爲他所堅持的這個單一文化揉雜了非常多不同文化的要素。像日本文化看來很純淨單一，但也充滿了各種外來的要素，一些外國人眼中很日式的東西，日本人也承認有外來文化的基因，像「拉麵」。

因爲能彼此交流、又各自有冗長的繼承脈絡，文化就像生物，是由各種不同來源的基因所拼組而成。是以強烈主張維持單一文化之純淨者，總是會自打臉，那相對來講，多元文化的支持者，就比較「道德正確」囉？

當你說出「多元文化」一詞，你還是認定多元文化中的各部分可以找到其歸屬，比如我吃的這盤咖哩屬於印度的，我節儉的習慣是屬於客家，我穿搭是屬於日系風。

當你說出「多」，就代表你認定還是有「一」，再由很多的「一」組成了「多」。但前面才說，並沒有眞正純淨的文化啊，大家都是複合體。所以也不該講包容多元文化，就「包容差異」即可。

但「包容差異」就是道德正確嗎？你之所以會成爲包容論者，就代表你認爲「無法包容」是錯的，因此那些堅持自身傳統文化的「保守派」，在你眼中，就是「錯」的囉？至少是比較落伍的囉？

很多台灣人看待穆斯林（回教徒），會覺得他們是保守主義者，是單一文化，我們是包容他們，而他們無法包容我們。可是穆斯林有十四億人，其內在差異性也非常大，而在長達上千年的歷史裡，穆斯林國家一直是世界上包容性最強的一種宗教政體，基督徒、猶太人或其他小型宗教，都在其治下安穩過活。所以重點若非單一與多元，包不包容也沒有誰說了算，那我們該如何面對文化差異呢？因爲現實就是有差呀！

或許永無止境的溝通是唯一的解答方法。某次我在一個沙漠中的伊斯蘭國家，當地朋友爲了準備餐點，怯生生地跑來問我：「你們台灣人也吃飯嗎？」我當然回答：「對，吃飯。」

他們又緊急討論了一陣，接著問：「你們吃的飯，也是煮的嗎？」「對的。」大家都放心的笑了。顯然他們不知我們吃飯，而我也很訝異於他們的主食也是飯。但在開口前，我們到底是把對方想像成什麼樣的怪獸呢？

第四十三問

如果整個地球的生態圈只是一場外星人的遊戲，那環保還重不重要？

大多數人在「做環保」時都不太清楚這有個大前提，就是「人類的行爲可以改善環境」。但這個前提是否成立，一直有爭議。

你做環保，是希望環境能「永續發展」，但什麼是「永續發展」？地球本身會在乎永續發展嗎？它不會在乎，因爲地球根本沒有心智嘛，如果你不信什麼大地之母「蓋亞」理論，地球就不具備有價值判斷力的心智，也就不會在乎任何事。

那人類之所以會「很care」永續發展，是因爲人類會破壞環境，到最後大家都活不下去。所以我們的永續發展，並不是說我們要跟海豚永續、跟鯨魚永續，而是我們人類要能永續的發展下去，找到與環境和諧共處的模式。

現在的人類行爲是「不永續」的，要達到永續的目標，就要人類的改善作爲能產生效果。可是人類從事環保那麼久，還是不太容易判斷這些行爲是否能改善現狀，或讓人和環境永續的互動。

一些環保作爲的確可以改善局部的環境問題，也可以讓一些數據變好，可是對於眞正的永續，還有一段距離。這距離之大，有時不免讓人發想，是不是人死光，才有辦法眞正永續發展。可是人死光了，還有誰會care永續發展呢？

讓我們換個角度來思考。我們有蠻多模擬類型的電玩，有些主題可能就是模擬地球。這類遊戲二十幾年前就有了，你可以讓生物從細菌開始演化，到產生文明。

如果整個地球生態圈是更高階的外星人所玩的一場遊戲，那我們所發生的一切事件，包括氣溫上升，可能都是外星人用高科技對地球所進行微調造成的。當然地球上的生物會拚命的掙扎，想要繁衍，想要去維持永續發展，但外星人丟一個變數，來個火山爆發、送給你一顆彗星，就可能徹底改變地球的整個生態。那我們從事環保行爲還有意義嗎？

接著請把「外星人」這三個字改用「神」來替代。如果有「神」能隨時修改地球的運作規則，那我們從事這些環保活動，有意義嗎？講外星人改變地球運作，你可能會笑出來，但提到宗教，你就笑不太出來，因爲你知道有很多人相信這一套。回歸務實思考，依「存在如非必要，不須增加」原則，我們不需要想像有神或外星人會干擾地球。如果有他們，那就算了，如果沒有他們呢，還是該好好做嘛，反正現在也不確定有或沒有，所以先做就對了，但要做，就應該確定做有用的事。

那什麼是有用的事？改用太陽能？用核電？不用石化原料的產品？改吃素？到底什麼樣的行爲有用？是「大師」、「上師」、「師父」說這樣比較好，還是客觀上來講這眞的有效？如果覺得「或許可以」促進環保，就瘋狂投入去做，那這種行爲和「祈禱神來移山填海」、「呼叫外星人派飛碟來救你」又有什麼差別呢？

09 | 人生

第四十四問

現在台灣人平均壽命近八十歲，那你預期自己會活到幾歲呢？

生死是哲學的重大議題，但不需用很「超脫」的態度來思考，可以務實一點。多數人都想盡可能延長自己「生理狀況還可以」的年齡，若是臥床、身患重病、行動不便、喪失生理部分機能的生命，你可能認爲就沒啥必要硬撐。除此之外，人對於延長壽命是有執念的，最好「長生不死」。

但只要製造另一個思想實驗，就會知道「長生不死」這事，甚至只是「活得久一點」，也不見得好。若眞有種不老不死的藥，注入人體後，你不吃不喝也不會死，連自殺都不會死，成爲超越病毒無數倍的強韌生命。

但在這樣的狀況之下，人可能反而會不想活，爲什麼？因爲你所有的親朋好友都死了，就你不會死，當你每新認識一個人，就要等著面對他的死亡。最後你不會想再交朋友，因爲友情帶來的只是離別的痛苦。

你的生活也會失去目標。反正永遠不會死，何必急著今天讀書？何必急著今天賺錢？也不需要賺錢了，因爲你不吃東西也不會死。不快樂，也不會死。不管怎樣都不死啊。這就像打電玩時，給你無限條命和無限資源之後，就一點都不好玩了。

所以，死亡非常重要，因爲它定義了我們的生命。我們在規劃人生時，會將死亡設想爲終點，希望在終點前驗證自己的價值，但是這個終點到底要設想多遠呢？

我們現在的平均壽命大概是八十歲上下，可是各位要考慮到，現在多數壽終正寢的人，已是九十歲左右才過世，爲什麼呢？因爲有些人很年輕就因爲意外過世，十幾歲就在暴力或意外事故中死了，他們會拉低我們的平均壽命。

所以只要一個年輕人車禍掛了，就要好幾個老頭子拚命活到九十幾歲，才有辦法把平均年齡拉回八十歲。而現在的老人，他們生命有一大部分，其醫療、食物各方面的照顧體系都相對不足，像是沒有冰箱而吃得很鹹，那他的身體累積的健康壓力就很大，卻可以活這麼久。那我們呢？

我相信本書多數讀者活在健康照護更完善的環境，不少人應該能活到下一個世紀，也就是超過一百歲，甚至是超過一百一十歲、一百二十歲。將來有基因改造科技可以提供替換器官的話，甚至可能延伸到三、四百歲。

當生命拉到這麼長，你會怎麼去規劃自己的人生，你會這麼急迫嗎？現在晚讀一年，或是重考，或是花五到十年準備公職考試，就讓你壓力大到想死，但這眞的是如此嚴重的損失嗎？

把生命尺度一拉開，對事情的價値判斷就會差非常的多。當你碰到抉擇困境時，不妨先評估自己「生理狀況還可以」的餘命還有幾年，可以活到幾歲，那活到這樣的年齡，你的生命仍是有理想中的品質嗎？怎麼去保持這種品質呢？

我們前面也問過，粗茶淡飯活到一百三十歲，你想嗎？質才是重點，不是量。

第四十五問

後天的經歷，可稱為「運」，而出生時所擁有的個人內外在特質，包括你的家庭的財富與人脈，長相、智力、身體健康程度，可稱為「命」。相對一般人，你認為自己的「命」是比較好，還是比較壞呢？

我們前面提過相對剝奪感。看到有錢人，總覺得爲什麼我的老子不是王永慶，我來做手機一定會比某些人成功。我們就是因爲先天不足，所以才會後天失調，才會有這麼平凡的一生。

其實你能看到渣誌，看得懂這些文字內容，你很可能就處於社會上前20%的優勢階級了。我們網路版的訂戶資料分析也顯示出這一點。你已很有「底力」，而且這底力很可能是基於你的某些先天優勢，是「比下有餘」，但你只看到「比上不足」。

像是能考進台大，通常都有一定的「命」當底子，但台大校友也知道，有些同學是眞正的天才，那種一輩子都不可能超越的天才，當你看到這些站在最頂端的人，可能會覺得自己一生下來就輸了。不是輸在起跑點，是人家一生下來就已在終點前一步了。

因爲視角的關係，你可能覺得自己的「命」不是非常理想，但若以平均、普通人、一般人的角度來比較，我相信絕大多數的讀者是不會輸的。但個人不能掌控「命」，而「階級複製」與「起跑點不平等」應該是社會學或政治學要去處理的問題，那哲學又該如何在此出力呢？

雖然不能控制命運，只能被迫接受現實條件，但你有道德責任釐清自身內外在條件的眞實價值。如果你錯估了你的「命」，像是你誤認自己所屬的社會階級，你誤判個人競爭條件的優劣，那可能就會在規劃人生時選錯了路。社會條件不足，當然嫁不進豪門；沒有那個身體條件，就無法在演藝或運動事業上有所發展。

我們總是太看重興趣，而忘了自己原有的條件與本質，往往要經歷一連串挫折、損失，甚至是道德上的錯誤之後，我們才承認自己應該往「適性」的方向走。能回頭的人還算是好的，還有很多人就在這種錯認上耗盡一生。

所以你該盡可能瞭解你的「命」，但瞭解的方法可不是去「算命」，而是把自己天生內外的優缺點，以理性方式表列出來，想辦法引科學的數據來比較，判斷眞實的「落點」。這也是一種「自我算命」，我相信絕大多數人都沒有做過這樣的工作，那要怎麼談競爭力，怎麼談人生目標呢？

在社會名流的聚會之中，常有一些「假貨」混進來。一部分當然是存心想詐騙，但他們至少知道自己沒有那個「命」，所以才努力的騙；但也有一部分，就單純是要享受那種「很有什麼」的感覺。但這樣根本無法改變自身的命和運，只會成爲凱子口中的笑話。

「很像什麼」和「是」什麼，差別是在於本質。你覺得自己很像樹懶，但你不會是眞的樹懶。眞的樹懶會有人抓著過馬路，而你趴在路上，只會被輾過。

第四十六問

你個人最大的缺陷，也就是你最大的惡是什麼？將這個惡去除之後，會讓你變得更好嗎？

前一題談到「個人特質」，個人特質有先天，也有後天，也有價值評價上的差別。有些特質我們會將之歸類爲善，像是長相好看、反應快、幽默等等，當然也會有一些惡的部分，比如說遲到、貪婪、或者是愛吃，也可能是身高太矮，或是太窮。你當然會受到自身負面條件的困擾，而且你身上「最大的惡」更會嚴重阻礙你的發展。那去除掉這樣的惡，會不會讓自己變得更好呢？

直覺的想法或許是「OK啊！」像我非常懶惰，如果把懶惰去除掉的話，我一定會變得更好，生產力更高，考試一百分，整個人生都光明起來。「乍看之下」或在「多數的狀況下」的確是如此，把缺點改掉，你就會提升，否則人生不就無限擺爛就好？

但最大的惡、最主要的惡，很可能已成爲我們建構個人的關鍵成分，如果拿掉了，你就消失了。這什麼意思呢？

像把懶散從你身上拿掉，把愛打電玩從你身上拿掉，把喜歡生氣從你身上拿掉，你可能就成爲不同的人，連自己都不認識自己。你會說那沒關係，我寧願不認識過去的自己，我要重新做人，周處除三害嘛，把自己砍掉重練。

但人眞的能砍掉重練嗎？殘暴的人，大家都希望他砍掉重練，他自己也下定決心砍掉重練。但如何確認他眞的砍掉重練了？

這惡之所以會越長越大，成爲你最主要的惡，或許就是因爲「去不掉」，就算表面上去掉了，其陰影也揮之不去。

像因爲長得醜而去整型，表面上變成正妹，但人家還是知道你「原來」、「實際上」是醜的。醜所帶來的陰影並未去除，反而隱身起來，更加惡毒。想想社會大眾是怎麼看待整型美女，又是如何訕笑她們，而這一切是我們不會施加於長相平凡者身上的。

所以別只是想著「去除惡」，而是先思考你該如何與自身的缺陷共處，並且推估在條件難以改善，或完全無法改善的狀況下，又該如何追求卓越。一直想著缺陷，有時會讓我們錯失解決問題的眞正關鍵，也會讓我們錯估自己應有的發展方向。「去除惡」，不如「有效管理惡」，把這些缺陷轉化出正面的價値，而不是執著於條件本身。

還有，別把自己想得那麼可悲。你自認最大的惡，在別人眼中可能不過是鼻屎大的問題，甚至根本不算是惡。

正如前題所述，有些人認爲他自己最大的缺陷，就是生在貧困的家庭，所以努力一輩子也無用。但如果你生在大富之家，就一定能拚出不同的人生嗎？你如果之後中了樂透，就能開啓光明之路嗎？你還能做一個好人嗎？

第四十七問

你在網路上所展示的自我，佔了你真實自我的百分之幾？

我們必須承認一個事實，就是絕大多數年輕人是活在網路上的。即使在同一個房間，也是透過發訊息、傳LINE來溝通。有些老人認爲這很荒謬，人與人之間沒有「眞正的」溝通，但這是種溝通介面的轉變，從空氣震動轉變爲電子訊號，我們還是期待跟其他人溝通互動。

說不定比起過去，我們跟他人的互動來得更多，因爲網路可以突破時空限制，讓溝通能以成本最低的方式爲之。想想過去還有「越洋電話」這種貴得要死的東西，但現在只要有特定軟體，基本上跨國通話沒有什麼附加費用。

這個狀況的好壞是一回事，在釐清好壞之前，我們應該先思考％數的問題。有些人對網路的依存感沒那麼重，他認爲網路上所展現的自我，只佔眞實自我的5到10％。他把自己隱藏得很好，沒洩露什麼個資，甚至連頭貼都沒有。

有些人則可說是完全活在網路上，像那些實況主，他們連賺錢都是透過網路，也把自己的生活直播給大家看。所以他們展示的自我高達80％，甚至90％嗎？實情或許正好相反。實況主可能轉錄自己的眞實生活，但也可能是在表演，他清楚自己在演，也把其他的生活部分保護得很好。但有些自認爲在網路上沒展示什麼的人，也沒啥其他的生活部分，因爲他就是一個「沒什麼的人」，兩相比較之下，搞不好網路部分所佔的比重較高。

若認爲網路上的自我跟眞實的自我沒什麼關係，那只是一個僞裝出來的形象，但你僞裝的時間若佔到90％了，那它眞的是僞裝的嗎？還是你就是如此虛僞的人？

有些人覺得網路上所展現的自己，只是眞實自我的5到10％，可是在別人的角度看來並不是這樣子，或許會佔到70、80％以上，因爲你實際上就花了70、80％醒著的時間在網路上嘛。

你所認定的自我，並不一定是「眞實的自我」，而是「理想的自我」，別人所看到的那個網路上的你，搞不好還比較接近「眞實」的定義。就算在沒有網路的時代，很多人也說，那個在職場上嘻嘻哈哈陪笑的我，並不是眞正的自我，但如果你除了嘻嘻哈哈之外就沒有什麼，那個「嘻嘻哈哈的你」就是「眞實的你」。

打電玩連續幾天幾夜不斷的人，常被說是沒什麼眞實人生，但在電玩中的那個他，就是「眞實的他」，他很紮紮實實的活在電玩世界，而且還活得蠻不錯的，可能因此賺一點錢，那何必要去否定這樣子的自我呢？

許多人認爲過去沒什麼溝通工具，連電話都不存在的時代是黃金時代，人與人互動很眞誠、緊密。我認爲那時代的溝通是比較「直接」沒錯，但要說其他價値方面的優越性，還是免了。四十歲以上的人，都經歷過「前手機」時代的。當你因爲約定地點沒講清楚，而在椰林大道上來回跑了七次時，就知道那個時代黃金不黃金了。

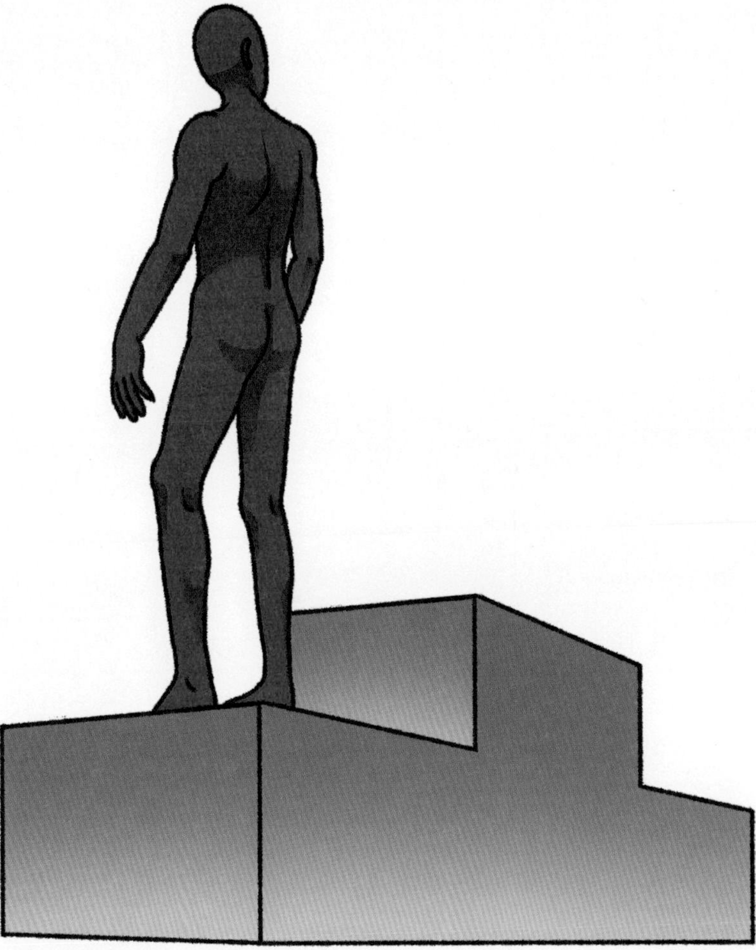

10 | 宗教

第四十八問

你認為像靈視、通靈、天眼通這些所謂的超自然能力，它到底是精神上的疾病，還是擁有常人所沒有的一種感官能力呢？

這問題很多人認爲是宗教領域，或心理學的領域，或是科學可以解答的，但實際上不管是哪個領域，對此類現象的瞭解都非常少。

人類的眼耳鼻舌口五官，可以把握到一些自然現象，包括物理與化學現象。隨著我們科學知識慢慢增長，我們也知道，有很多物理現象和化學現象是我們五官沒辦法把握到的。這可能是一些物理的「波」，或是化學的「分子」，因爲它們超出人類感官所能把握到的範圍，所以我們感受不到它的存在，只能透過儀器去測定，或是以運算來推敲。

好，我們已經知道，生活周遭存在著大量的物理和化學現象，是多數人類所無法掌握到的。那如果有某些人跟其他人不太一樣，他的大腦，或是他擁有一些特殊的感官受器，可以比其他人多掌握到一些波，或多掌握到一些分子呢？這會不會使他變得很奇怪？難道這算是種疾病嗎？

我還沒有要你直接跳到靈異現象，在「正常」狀況下就有許多例子。有些設計師對顏色的辨識能力非常敏銳，遠超過常人，有些音樂家對聲音的判別力也是遠勝過一般人。難道他們是有病的人嗎？

我們通常不會認爲他們是有病，會說他們擁有一些罕見能力，可能是天生受器不同，也可能透過訓練而「長」出這種能力。我們會用一些正面的用詞去描述這些能力，像是「卓越」、「天賦」、「資優」。

不過，當我們提及號稱擁有「超自然」、「靈異」能力的人時，可能就不會用正面的用詞了。我們認爲這些人可能是有精神疾病，可能故弄玄虛，造假想騙錢。當然有些人的確是造假，但也還有許多例子，仍缺乏科學的輔助判定。

辨色力、聽音力，可以透過科學輔助判定其眞僞，所以你認爲自己辦不到，是自己遜，他們做得到，是他們神。但一個號稱能聽到千里之外他人交談內容的人呢？我們往往在沒實驗或測量的狀況下，直接判定那是神經病，是騙人的，或是太迷信了。

我曾花了幾年蒐集宗教經驗，有些個案，依學理判斷的確很可能是精神疾病或錯覺造成的，但另一些個案的確需要進一步的探究。嚴格來講，我們現有的科學知識還不足以指出相關感受的多數成因。

在找到夠力的答案之前，我們應該對所有證據不足的解釋抱持同等的懷疑，即便那是一個「長得好像很科學」的解釋。當然，對於「很神」的解釋，也是要抱持警覺。畢竟我們知道的太少，能相信的也就不多。

常有人問我「到底有沒有鬼」，我的回答都是「學術上沒辦法證明有，但很多人曾感受到過。」這當然無法讓對方滿意，他們通常會想追問，而我堵住進一步問題的回答是：「先定義你說的『有』是什麼意思吧。」

第四十九問

隔壁老王說，你家斜對面的路燈底下有個「石頭公」。你去看那石頭，發現沒什麼特別的，但的確有人在旁邊放了一疊紙錢，插了幾根燒盡的香。你會特別尊重這顆石頭公嗎？為什麼呢？

對宗教信仰，我們通常抱持一種很奇特的情愫。即便你是個無神論者，你也可能不太願意得罪其他人的宗教信仰，因爲神或許不可怕，但人還蠻可怕的，侮辱其他宗教，就算沒有神來雷擊你，也會有眞人來砍你。

所以我們通常會稍微尊敬一下別人的信仰。但如果沒有任何人看到，或是一個非常小型、沒什麼人信的宗教呢？你還是會對其宗教象徵帶有敬畏之意嗎？

如果會，那這種態度就不是擔憂其信徒會對你怎麼樣的問題，而是你本身也相信冥冥之中有種力量可能會影響到你。爲了保險，最好不要惹它。「寧可信其有」。這類型的想法被稱爲「宗教心態」，還不到宗教信仰的程度。你不是信徒，但你也會設定好像有某個精神實體在那地方。這當然不是科學認知，但多數的人也的確會因此產生一些相應行動。

進一步來看，許多人就算沒有特定或強烈的宗教信仰，他也會在現實生活中展現出宗教心態。像是沉迷各種「偶像」，政治的偶像、影視歌的偶像、運動偶像，或社會成就的偶像。

你也可能在生活中去蒐集些小物，把小物當神來「拜」。某些「迷」會非常崇拜這些漫畫書、音響、照相機等等的東西。沒錯，阿宅也是一種宗教的信徒，商品拜物教。

人們會把一些不太崇高的物體轉化為神，來滿足我們內在的宗教心態需求，而且會以很宗教信仰的形式來跟「祂」做互動。你可能出現非常虔誠的行為，像是把「祂」擦拭得非常乾淨，以莊嚴肅穆的心情面對「祂」，不會把「祂」擺在其他物品同等的地位，會在人前去推崇「祂」。而祂可能只是一台鋼彈模型。

人透過這樣的類宗教行為獲得紮實的內在價值，完全不輸真正的宗教活動。而這些內在價值可以維繫我們人生的正常運作，是重要的原動力。你保持這種現實生活中的小小信仰，可以讓你生活過得更潤滑、更快樂，甚至可以讓你的人生過得更幸福。

一旦理解這點，我們也可以透過同樣的態度去面對別人的信仰和宗教。透過同理心，我們能建構全面的尊重與包容，其範圍甚至會超越宗教，泛及政治、運動或是影、視、歌偶像等等領域與層級。

當代的「宗教信仰」會造成大量衝突，但「宗教心態」本身不見得會成爲衝突的起點，反而有可能是創造溝通的出發點。或許我們都太執著於外在部分，而忽略眞正的溝通平台，可能是搭建於內在的樂趣。

當你覺得別人是瘋狂而愚蠢時，可能只是你忘了自己的瘋狂與愚蠢。

第五十問

宗教都有理性與非理性的向度，理性向度是關於道德和神學的講述，非理性的部分主要是儀式或是對超自然現象的體悟。請問對於宗教的非理性部分，在什麼樣的程度或原則之下，是你可以接受的？

宗教一定有非理性的部分。我要強調「非理性」並非意指「不理性」，非理性就是理性無法完整詮釋的部分。宗教的非理性的部分，就教外人士來看，主要是一些外在的儀式，例如說燒香拜拜。不信教的人，可能會覺得這是空氣污染，無法接受。

當然也有許多採宗教包容主義的人，會認爲大家互相互相，這次我包容你燒紙錢，下次我唱詩歌時，你也包容一下。

因此對於宗教非理性部分到底在什麼程度以內可以接受，許多人所持的第一標準（第一時間想到的標準）就是「有侵犯到我嗎」。比如說他吵到我了，他污染到我的空氣，那就不行。如果影響不大，時間不長，或是在他們自己的會所進行，那就沒差。

可是有些宗教儀式，他沒有影響到你，但他會「自殘」，像是乩童拿狼牙棒打自己的頭，打到都噴血了。這些行爲我們看了也會有不忍之心，有些人更會認爲這是迷信，應該禁絕。但它並沒有傷害到你，那我們又要用什麼樣的原則去限制他呢？

違背社會善良風俗嗎？這會不會箝制到所謂的宗教的自由呢？而且那好像才是社會原本的風俗吧？

所以是因爲這種行動「不理性」？我們或許可以透過理性這種語言溝通平台來拉近不同信仰者之間的距離，讓大家不會困在非理性部分所造成的矛盾中。像是透過約定，建立一些有關空氣污染、噪音污染，與宗教自殘的法律標準。

可是這些非理性部分往往是宗教最核心、最重要的部分，不然宗教就不是宗教了。要將這些部分以法律系統或理性原則去框架，還是可能產生矛盾。我們雖然處在一個充滿啓蒙精神、去宗教化的理性社會制度中，但多數人都有宗教信仰或宗教傾向，所以理性制度與宗教還是經常會發生矛盾。

有些人會認爲，乾脆就把宗教跟迷信完全消除掉，但前一題也說過的「宗教心態」和人類的大腦機制有些關係，它是演化出來的能力，不太可能去除。你可以試著回想，是否有類似的宗教心態經驗：當你走在路上的時候，總覺得背後有東西看著你。

如果這個機制無法去除的話，我們就算清除了舊的宗教，也可能會生出新宗教來，就算沒有宗教，也會有類宗教的反應。這可能會造成你的困擾，但你能用什麼法律、規則或約定來限制這種傾向呢？

先承認這種狀態的存在，大家再好好討論如何在擁擠的世界中找到共處的方法。退讓是必然的，但讓彼此清楚雙方退讓了多少，才可能建構有效共識。

第五十一問

你去應徵一個理想的職缺，有內線消息告訴你，這公司老闆信一種奇怪的宗教，如果你加入這個宗教，將非常有機會獲得這個工作。你會為了得到這份工作，而去加入這宗教嗎？

這是一個「金錢」與「信仰」的比較題。爭取工作時，大家會盡可能展示自己的有利條件，包括自己的工作能力、證照，還有對工作的熱忱，表示你跟這公司的價值是合拍的。

有些人認爲，爲了獲得工作而信教，沒什麼關係，反正他什麼都信，什麼都拜。只要這個奇怪宗教沒有什麼太大爭議，沒有違反善良風俗，那去瞭解一下，稍微信一下，對於爭取工作有利，其實是可以嘗試的。

就像大家一般在應徵工作的時候，可能會先Google一下這個公司的風格是什麼，想辦法先讓自己具備這個公司所認同的價值觀，就算實際上沒這種特質，也會在面試時唬爛兩下。

但也有人認爲宗教信仰是非常崇高的事情，是不能被侵犯的領域，如果爲此妥協的話，那人生就什麼都可以妥協了。他並非透過這份工作去奠定人生的終極價值，所以他會嚴守當下的宗教立場，不論他是無神論者，或是已有特定的信仰。

這問題雖然沒有標準答案，但價值學家多半會建議你在進行任何行爲時（找工作以外的事也是一樣），最好能盡可能研判長期的效果。你現在覺得信這個宗教其實沒什麼差別，但不代表二十年後你也會有同樣的想法。

這個當初看來沒啥問題的奇怪宗教，卻可能對「平常沒什麼宗教特質的你」有著深刻的影響。它會像直銷一樣佔用你的時間、金錢，消耗你的人脈，最後你這工作沒賺到多少錢，卻爲這宗教損失非常多，甚至連命都丟了。

相對來說，你現在堅持某些特定的宗教信仰，因此拒絕了改信的誘惑，這讓你失去獲得這份職缺的機會，但也讓你得到了心靈上的安適與信靠。不過這樣的價值又能持續嗎？根據之前國科會的調查，在台灣自認最堅持信仰的通常是基督宗教信徒，但他們的改信率高達五成，遠比自認「什麼廟都拜」的民俗信仰者（改信率不到兩成）來得高。

「改信率低，那是因爲他們什麼廟都拜吧！」你或許會這樣質疑，但他們這些民俗信仰者多數可是不會去拜「教堂」和「清眞寺」的。他們也有一套自我堅持。

所以你現在堅持的，眞的是你核心的價值嗎？你對自己的信仰或信念（堅持無神，或堅持隨便拜不會認眞，也不會影響自己正常生活）的把握，眞的如你所想的那麼「圓熟」嗎？這不只是找工作的問題，透過這類價值選擇的矛盾，你可以反思自己所堅持的價值觀，是否遠沒有你所設想的那麼樣的堅實可靠。

我認識很多宗教界人士，有些還是教內高端人物，但對信仰完全未曾動搖過的，其實少之又少。反而是普通信徒信得很瘋狂。爲什麼呢？

第五十二問

我們身邊有非常多的禁忌。禁忌就是不清楚其理由，但大家都說不能做的事情。你認為最該廢止的禁忌是什麼呢？

大多數地球人都活在一個充滿禁忌的社會，那是因爲現存社會絕大多數都有冗長的歷史，在發展的過程中，也會不斷產生出海量的社會規約。通常這些規約在發明之時，都有明確且合理的原因，可是隨著時間流逝，社會與自然環境改變，這些規約也變得不合時宜，但大家還是在遵循，也沒人企圖搞清楚這些規約之所以成立的眞正理由。這類規約就成爲「禁忌」。

爲了補充「消失的理由」，人們往往主張禁忌是老祖宗的智慧，違反禁忌的話會帶來不好的後果，這後果可能非常多元，嚴重者是生命終止或是健康受損，最輕也可能是一天沒有漁獲。

我們可以試著找尋禁忌誕生之時的眞正理由。如果沒有可靠線索，那也可以透過側寫來推敲。若它還是具備有效的理由，那我們應該把它修改成能適應當代環境的面貌，讓它持續的運作下去以維持社會秩序，或是達成某些特殊目的，促進社群發展。

但多數的禁忌已經失去存在的合理性。隨著自然環境、人文環境大幅改變，如果我們還在繼續遵循的話，可能會造成嚴重的反效果，甚至是不道德的。

有許多禁忌只針對女性，像是在生理期不能進到特定的場所，這規定在誕生之時，有可能是想要保護女性，也有可能就只是性別歧視。在今日，如果隔離女性的實質意義已經消失，那就應該明確廢除這項禁忌，因爲這禁忌會阻礙我們追求卓越。

此外還有很多禁忌不見得有道德問題，也不見得會造成低效率，單純就是讓人很不爽。這類禁忌多半來自於過去人類處理相關事務上的能力不足，像是產婦坐月子的時候不能洗頭。爲什麼？

在古代，因爲婦女多留長髮，如果坐月子時要洗頭，洗完後不容易把頭髮弄乾。因爲古代沒有吹風機嘛。如果頭髮不乾，產婦身體又相對虛弱，那的確容易感染疾病，甚至會傳染給小孩，所以這個禁忌或許是可以被解釋的。但是到了近代，我們已經發明了吹風機，你有吹風機的話，何必還要遵守這樣子的規約呢？

很多人還是主張中國產婦跟外國產婦的「體質」不同，或者是說，老人講的總是有一些道理。但有道理的話，就請你把道理講出來，而不是假設它有道理。老祖宗再有智慧，他還是沒發明吹風機呀！

別迷信什麼古老規約的神祕力量，如果那個眞的有用，現在滿街就都是飄來飄去的仙人和大師了。生活規約就是要務實，務實的規約才能幫助我們在行爲過程中獲得內在價值。

所以，若下次再有人用「老祖宗的智慧」當成禁忌的存在理由，你就故作驚訝的問他：「所以發明的人現在還活著嗎？」

第五十三問

有天某位律師帶著三億現金來找你，說這是你的前世死前信託他管理的財產，他花了很長的時間，現在終於找到你這個「後世」，可以把錢都交給你了。你很高興的簽收款項，但這位律師卻在離去前，回頭提醒你：「對了，國稅局馬上就會來，向你要遺產贈予稅。」你認為自己應該要交這筆稅嗎？

多數人可能不會接受「前世今生」、「靈魂轉世」的想法，而是將之當成信仰或是趣談，至少不會把這種理論當成判斷人生價值的根本立場；因爲至今尚未找到經學術認證的靈魂轉世實例，所以我們無法用科學角度來看待這個問題。

話雖如此，在我們這個「看起來很科學」的世界中，仍有一些靈魂轉世的情形，而且多數人並沒注意到這事其實非常特別。那就是藏傳佛教的轉世，最具知名度的例子是達賴喇嘛，還有幾位活佛。

我相信大多數讀者都沒有懷疑過達賴喇嘛是「轉世來的」這件事，許多藏傳佛教的高僧、活佛，也同樣透過轉世來維持他們在世間的教權。就科學的角度來說，是不同的人繼承了財富與權力，但在接受某種宗教意識形態的狀況下，就算你不信藏傳佛教，一般人也會想像是「原來那位的靈魂」再次回到了這個世界上。

這可能是基於尊重他人宗教，或是覺得對自己來說根本沒差，但這種將達賴轉世視爲「理所當然」、「沒什麼奇怪的」、「他們高興就好」的想法，代表我們的社會某種程度上能接受靈魂轉世。

但請想像，如果有天透過高科技的方式，不但能證明有靈魂的存在，也能指出你將會轉世的地點與具體的「後世」是誰，那會變成怎麼樣呢？

勢必有許多人不再將財產留給自己的小孩，而是想辦法將財富與社會資源「匯」給後一世的自己。人們之所以將錢留給子孫，是因爲把他們當成自己生命的延續，但若能確切知道「我」會在何處「延續」，那就沒必要理會自己的子女。他們也是別人的轉世，就交給他們自己的前世去傷腦筋囉。

但「我」將錢轉給「我的下一世」，是否需要交遺產稅或贈與稅呢？照道理來說，這個錢是自己轉給自己，是同一個人，所以並不需要交這類稅。但遺產贈與稅的設計原理，是爲了要避免財富和社會地位不斷的「遺傳」下去，造成「階級複製」

的現象。

如果有錢人透過轉世方式把持財富，那窮人不就永無翻身之日？西藏古代也是有王權政治的，可是後來被教權政體取代。爲什麼？壽命有時而終的「王」，怎麼競爭得過「根本不會死的活佛」呢？

所以如果靈魂轉世成眞，人人都在轉，社會制度可能會崩解，那該怎麼辦？別擔心，當代哲學家已將「靈魂」看成一種綜合現象，而非單一實體，當然也就沒有轉世。人死後呢？很可能就「散掉了」，但這種狀況不會影響我們認眞過活，因爲當代倫理學已證明人可以在此生中展現價值與意義，不用寄託來世。所以別浪費時間找什麼前世今生，找下一餐在哪實在多了。

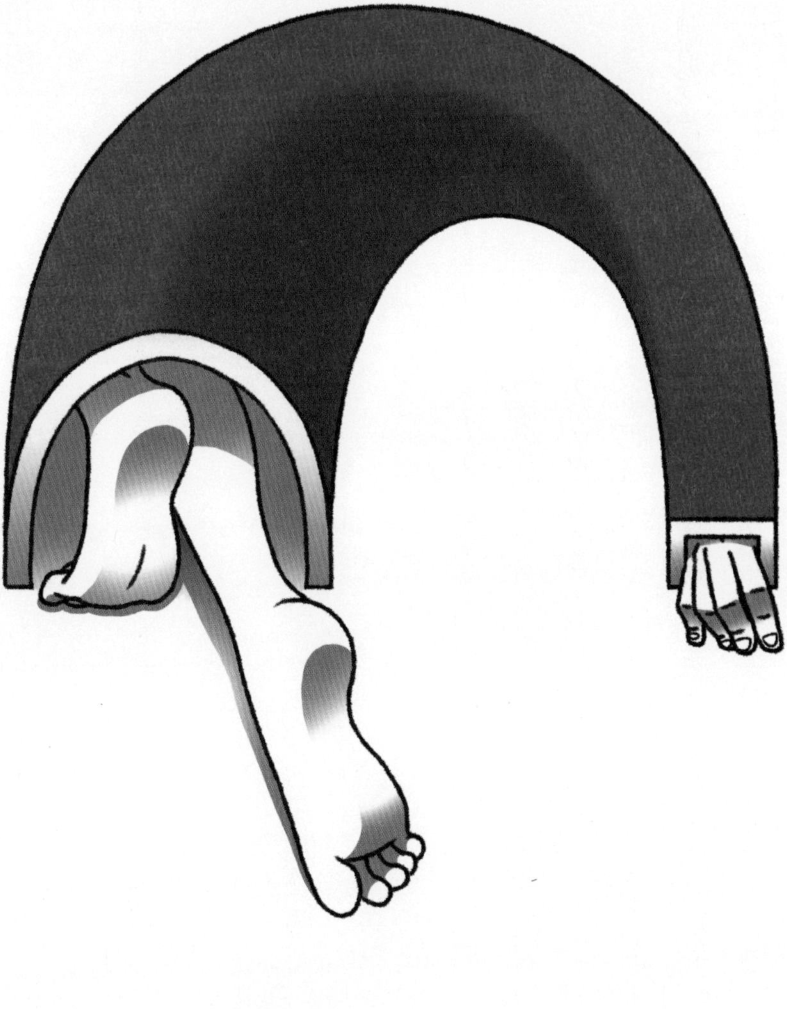

11 | 理性

第五十四問

進行道德判斷時，你認為自己比較依賴理性，還是感性？

大多數人所受到的道德教育，都是告訴你要理性下判斷，不要隨隨便便「衝冠一怒爲紅顏」，不可爲了一時激憤，就說「這一定要判死刑」。我們認爲太過情緒化的人，通常不太容易保持在道德正確的一端。

但有些道德心理學的研究指出，社會大眾對於道德上的判斷，其實多半是「感性優先」的。遇到了道德事件，普通人都是先用感性方式直覺地給出一個道德結論，接下來才用理性嘗試去詮釋這個結論。所以多數人只是自以爲很理性。

但並非一定要理性下判斷才比較「道德正確」。英國倫理學中就有一支認定「熱情」才是人類道德行動的核心機制，沒有這種道德熱血，做出的判斷就不會眞正的道德。

問題在於，除了熱情之外，人還需要理性思維去引導熱情，但是大多數的人都是處在熱情的階段，依直覺下判斷，就結束整個道德思維流程了。若是要啓動「理性」機制，往往是受到批判時，而且這種理性運作，也不見得是眞的理性，通常只是在護航自己的感性，不願意面對自己感性可能有錯的事實。

像「這事的對錯不是很明顯嗎？」之類的看法，就是感性過頭的代表符號。沒有任何倫理結論是「明顯的」。不論對何門何派的當代倫理學的標準來說，都需要經過很細膩的情境或脈絡分析，才能勉強判定一個行動的對錯，或是人格的優劣。

大多數的道德結論，也不是一個人自己想想就能結案，需要經過冗長的道德對辯。這種對辯不見得是眞的辯論，而是透過自己的生命去試錯，藉由失敗的互動經驗，漸漸修正而找到生命的方向。

或許在倫理學中唯一一件「很明顯的事」，就是道德規約永遠可能找到有效的反例情境。就像若主張「殺人是錯的」，你也可以想出「殺人是對的」的特殊情境：爲了阻止殺人犯殺人，你可能必須先出手殺他。

不過有些宗教或倫理學者強力主張，就算是殺人犯，你也不可殺他，甚至應該被他殺，以自身的生命來勸解他。但質疑者會立刻反問：「你說用自己的生命來感化他，那不就是殺了自己來實現某個目的嗎？你等於是用他殺了你自己，也是殺人呀！」

這種對辯需要理性的過濾，要深刻的沉思才能推進，因此理性對於提升道德是絕對必要的。感性可以是行爲啓動的燃料，理性則是思想推進時必要的導向。人人都知道缺一不可，但我們往往是在質疑他人的時候，才會發現兩者並存的重要性。

道德的重點永遠是自我反省，反省自己是否動能不足而對世界亂象冷漠，又或是否缺乏理性而總是暴衝過頭。連自己怎麼思考都不清楚，那要怎麼評價他人的想法呢？

第五十五問

你認為這二十四小時內最理性的一個決定是？

我們要來進入一連串的「理性地獄」了。許多人對於理性有過於嚴肅的標準，認爲理性是某些「正式」、「官方認證」、「課本有登載」的思維模式。但實際上當你開始思考的時候，或許才只是「嗯，這個……」的階段，你就已在運用「你的理性」了。

很妙的一點是，通常你運用理性時，並沒有意識到自己正在運用理性，你不會說我現在要用公式A、公式B，要怎麼推，除非你正在算數學。不需要引用特定法則即可讓理性發動運轉，你也因此可能會跑錯方向，犯了一些邏輯上的謬誤。

但就算犯錯，仍然還是在理性的範疇內。爲什麼呢？

因爲理性範圍內，才有推論正確與否的問題，如果只是站起來大喊：「哇！霹靂拉拉波波力那貝貝魯多！」就不是理性範疇，但若有旁人質疑：「前面還有個霹靂卡吧？是霹靂卡霹靂拉拉波波力那貝貝魯多。」那就進到理性部分了。

又像是在算數學，雖然大多數人都會算錯，你也不會稱那過程是不理性吧。沒有一定要「算對」才叫理性，只要思維以某些方式針對某些主題運轉，就是理性。

不過，當你跳出理性思維過程，嘗試再去用理性去分辨哪些思維過程算是「你的理性」，甚至想找出「最理性的決定」時，就會出現一種有趣的現象。

你可能會發現「理性」很難用「理性」思考。像是要找出二十四小時內最理性的決定，你得先列出一些自認爲相對較理性的思維經驗，絕大多數可能是量化計算。像吃什麼CP值高，怎樣走比較快，穿什麼最能對應到天氣或場合。

隨著列出的可能選項越多，你會發現這些理性的推算過程都會牽涉到一些內在的價值考量，而這些價值是你的偏好。像早餐CP值的計算，有些人看的是蛋餅的大小，有些人參考的是美味程度，有些人比較的是每一分錢換算的營養與熱量，有些人則在意打工妹的胸部。

這些內在的價值考量，決定什麼對你而言是最理性的。對別人也許不算理性，但這是對你而言的最理性。這內在價值標準很可能和理性無關，是訴諸你個人的感性，也就是你感官上、欲望上的偏好。因此有些人認爲精打細算是理性，有些人認爲無償幫助他人、看到受惠者滿足，就是最理性的選擇。

總結來看，當我們在運用理性時，很難感受到理性的存在，這也讓我們輕忽了這個概念的複雜性；而當我們仔細去分析理性時，又會發現理性流程和許多非理性的部分相關，兩者共同影響了判斷的價值與可靠度。

我們當然應該改善自己的思維方法和推論流程，採取一些更有效、更可靠的方式。但「比較理性」這件事，其實意義不大，因爲我們很可能比了半天，都還是不太清楚我們自己到底在比什麼。是比「手段」，還是比「目的」呢？很可能只是在「比爽的」。

第五十六問

在什麼樣的狀況下，殺死你最好的朋友會是理性的決定？

應該是很特殊的狀況，可能特殊到只會出現在影劇、漫畫或電動中。像是你這朋友生了重病，非常痛苦，需要安樂死；或是戰爭中他身受重傷，不可能救活了，要幫他解脫；又或是他感染特殊的病毒，快變成殭屍。

這問題可以檢視我們理性運作的疆界。哲學家發現，當我們把理性用在解決實務問題時，也就是在所謂「實踐理性」的部分，人與人的差異非常大。對我而言的「理性」可能不是對你而言的「理性」；我以爲的「理性」，對你甚至可能是「不理性」。

爲何會這樣？理性不是人與人溝通的客觀標準嗎？甚至應該和人的大腦功能有關係？和宇宙運轉的原理一致？

某些「理論」的確能對應上述的問號，但「理性」這個詞只是個概括，用來指一些人的思維模式，不見得有核心定義，任兩個人的定義可能完全沒有相交的部分。像「眞正的理性就在神所啓示的經典之中！」與「人不需要任何外在資訊，理性早已內建在你的大腦裡。」你認爲這兩句話提到的「理性」是同樣的東西嗎？

人類思維模式可能受到多重因素的影響，從內在生理部分到外在的社會或家庭的教育，都可能形塑我們的「理性」內容，並讓人類在「理性」這一塊的表現上有明顯的差異。

因此有些哲學家認爲，人類可能在「理論理性」（像純數學）的多數部分達成共識，但對於「實踐理性」，並不存在單一的標準答案，每個社群會有自身的實踐理性原則或標準。

觀察台灣的社會，你也可以發現大量的這類矛盾，來自不同社群或不同家庭的人，常會覺得對方的想法怪怪的，是不是腦子有問題。碰到不同國家、不同信仰的人時，這種落差就更大了。

你甚至會認爲那是因爲該種族「都是壞人」、「有某種劣根性」、「基因有問題」（對這些主張是否有種熟悉感？），但這只是彼此實踐理性原則或價值標準不同所產生的矛盾。

實踐理性也會隨著時間而發展演進，過往台灣人所認爲的理性，現在也可能是不理性的。台灣曾經歷過威權時代，當時多數人所採行的實踐理性，就現在看來可能是種愚蠢的服從。

就現代人的角度看過去，「文化大革命」當然是非常不理性的，但在那個時代中的中國人也因應環境建構出一套理性原則，去做出相對應的判斷，讓自己能和別人溝通，並生存下去。

你如果身在文化大革命之中，在經過理性判斷之下，或許也會選擇殺死自己最好的朋友。只是爲了保護自己，或是讓他死得有尊嚴。

所以原題並不難回答，你以爲的特殊狀況，可能是某些人的日常。

第五十七問

一台覺得自己很快樂的電腦，它的快樂是真的快樂嗎？

程式語言剛在發展的時候，創始學者提出一個假說，就是安排電腦與人來交叉對話，雙方都不知道和他交談的本尊是誰；如果經過測試之後，還是無法分辨另外一方是人還是電腦，我們就可以推斷人工智慧已經達到「人」的程度了。

你可能會馬上想到蘋果手機的Siri，但「它」的程度目前還無法讓你覺得是「他」。各軟硬體大廠商長時間來也都有相關部門從事人工智慧研究，不只是要執行下棋這樣的特定功能，他們更希望建構一個「心靈」，這個心靈可以和人進行「擬人」的溝通，而且能承擔大多數人類所能操作的工作。

不過，如果真有這種能力的電腦，它能算是「人」嗎？若它在智力方面的表現和人沒有差別，我們就能說它擁有人類的心靈，或「意識」嗎？

人的精神部分，除了智力表現之外，還有許多其他表現，像是情感。也許電腦在理性方面可以追上人類，甚至超越人類，可是在情緒方面，電腦做得到嗎？「電腦都可以模擬思考了，當然也可以模擬情緒吧？」

我們可以想像一台擁有高度人工智慧的電腦，可以判斷某種情狀是「應該發怒的」，而它接著在螢幕顯示出某些特定符號或圖像，而這些符號或圖像代表它發怒了。

那這樣的「發怒」，是眞正的發怒嗎？依此類推，如果電腦和機器人表現出很快樂的樣子，那它們的快樂是眞正的快樂嗎？很多人認爲那不算是眞正的快樂，因爲它只是在「模擬人類的情緒」，並沒有眞正的內在感受。可是人類的憤怒還有更多生理或社會文化的內涵，這都是單純的外在表現所不能涵蓋的。

因此有人樂觀的認爲，電腦永遠都無法成爲人類，因爲電腦不可能有眞正情緒。只有在科幻片中才會出現有情感或情緒的機器人或電腦，而且往往是因爲被電到、壞掉了，才能擁有類似人的情緒反應。

但也有人持悲觀的看法。不是說電腦有可能發展出情緒，而是我們的情緒，就是「眞的」情緒嗎？我們的快樂是眞的快樂嗎？我們的憤怒是眞的憤怒嗎？我們會不會只是在「模擬」別人的快樂與憤怒呢？我們的憤怒，有時可能只是大腦裡面的一些化學物質突然瞬間大量的分泌，和思維推理或外在狀況可能沒有關係，那這種憤怒也是憤怒嗎？

我們認爲電腦的情感反應是假的，或許只是「物質歧視」，因爲人和電腦的組成分子不同，就認爲「它們」一定永遠不會是「我們」。妙的是，有這種歧視的人，卻可能認爲把「人」的意識下載放到電腦中來運作，他仍然算是活著。

你當然可以堅持「分子」不同，就是不同，但爲什麼分子會那麼重要呢？我們看著眼前的其他人時，會考慮到他們的組成分子和元素嗎？我們之所以區分人與非人，到底是靠什麼呢？

還是我們搞錯了重點？情感的重點是眞假，還是感染力呢？

第五十八問

心痛和肉體的痛，為什麼都叫痛？

於此開始要進入「痛痛區」。有許多感受會被我們用「痛」這個字來指涉，像是「心痛」，像是失戀，當然也會有「肉痛」，比如說車禍撞到腳斷了。雖然都叫痛，但你知道這兩種痛覺的差異很大。不只是痛苦的程度，而是其「向度」上有根本的差異。

心痛可能是一種揪心的感受，讓你煩悶；而肉痛，眞的就是肉體特定區塊在痛，整個機制似乎是不一樣的，但都被我們歸爲痛覺。那代表兩者之間一定有共通之處囉？一支iPhone掉到地上是心痛，這支iPhone掉到地上之前，先砸到自己的腳，就是肉痛。那心痛跟肉痛到底一樣的地方在哪裡呢？一樣是iPhone？

有人說痛不論心痛或肉痛，都是種讓人不悅的、不舒服、不快的感受，可是不悅、不舒服、讓人不快的感受非常多，飢餓就是。但你很清楚「餓」和「痛」不一樣，也有所謂的「餓到痛」，這就代表餓和痛不同。

不妨先想想，什麼樣的狀況會被判定是「痛」。你大概清楚自己的痛是什麼感覺，但別人身上的痛呢？有時你明明覺得心痛（像是掉了錢），人家卻會認爲這根本不算心痛（因爲你才掉五十元），那有認定的客觀標準嗎？

「痛」是內在感受，而我們無法進入別人的內心，因此只能就他的外在可觀察部分來推論是否有類似的內在感受。我們會觀察他痛覺的「外在成因」，如車子撞到、腳受傷、流血等等，還有其「外在反應」（結果），像是大吼大叫、撫著傷口，或食慾不振。

我們可能是透過觀察類比來建立「痛」的概念，也就是看人家的痛覺狀況，來對照自身的類似情境，並推敲雙方應有一致的內在反應。看到人家失戀了，他會有一些外在反應，然後稱自己很「心痛」，那等我們自己也失戀了，也產生類似外在反應，並體驗到某種內在感受，我們就會稱這種內在感受爲「心痛」。

我們透過這些外在符號來推敲他人內心的痛，不過大家都是你猜我，我猜你，你又猜我，我又猜你，最後「痛」這個字的意義就相當混淆，甚至不見得有「核心定義」（共通點），而只有「家族相似性」（各種痛之間可能長得有點像，但某兩種痛可能完全不一樣，就像沒有血緣的兩個遠親）。

我們雖然很愛講「將心比心」，但透過這個問題，你發現實在很難「比」，大家都是亂比，不如不要比，或是採取最保守的作法，在相關的議題上，給予他人最高程度的寬容。當你判斷他在痛或可能在痛的時候，先採取支持和相信的立場，少在那機機歪歪。

不只是痛，人的內在感受都可能面臨「他心」問題。那我們該如何與他人溝通呢？我們只能討論一些明顯可見的事物嗎？關於內在感受的部分就完全不能機機歪歪嗎？

別擔心，當你眞的在痛的時候，你就不會管這些問題了。你一定會機機歪歪。

第五十九問

你記憶中最痛的經驗是？

前一題的結尾停在我們無法進入他人的內心，所以沒辦法確定是否有客觀的「痛」。但狀況似乎也沒那麼悲觀，像醫學界有人列出了痛苦的指數表，認爲痛可以客觀評估。傳說中最高點是「生產痛」，但據查表上最痛的應是「斷指」，其次是癌症，而後才是生產。

除了生理面，也有另一種層面的痛苦指數，是經濟學家列出用以評估經濟發展情形的公式。但不論是什麼學，都是從外在現象去推測內在感受，而每個人內在感受的差異很大，這些標準都是僅供參考，當事人在痛時，只有自己最清楚。

向外不好比，那向內總可以比一比。你可以用自身的價值觀來比較自身的各種痛覺，包括心痛與肉痛，也包括了可量化和不可量化的痛。當你回到自己的記憶庫中去撈相關的痛苦經驗時，你會發現即使是在自己的範圍內進行比較，也沒那麼容易。

當你在想得起的範圍內過濾出一些重大痛覺時，你會發現某些痛覺經驗也許在發生當時是非常不快的，可是時間一久，你已記不得那是什麼樣的體驗，你只記得很痛，但除了「痛」這個形容詞，你無法在內心「複製」或「再現」這種痛。多數肉體傷害或疾病帶來的重大疼痛，如果完全康復，就很可能是這樣的情形。

少數痛覺則有很強的「延伸性」，你現在想來也會頗有感觸，其中大部分可能是心痛經驗，像失戀或喪親的痛，小部分則可能是慢性疾病的影響。雖然這些痛覺的外在原因，可能因爲時間久遠，或是程度不嚴重，而會被旁人忽視或認爲「沒什麼了不起」、「早該放下了」，但對當事人來講，這些痛之所以容易被「召喚」，是因爲已造成了實質的「心靈創傷」。甚至這個「痛」的經驗本身，也已經被事後綿密的心靈創傷過程給覆蓋了。

如果看不懂這一段描述，就想想「一朝被蛇咬，十年怕草繩」這段俗諺。是以我們會對痛覺產生反感，正是因爲「揮之不去」。眞正痛苦的並不只是痛發生那一瞬間，而是一直忘不掉這事。比如說你剛掉iPhone，或是剛被車子壓到的那一瞬間，那是痛沒錯，但眞正會讓你有負面感受的，是這事件造成了某種心理創傷，讓你不斷的感受到不悅。

所以解決痛覺本身，並不能解決回憶問題，這也是爲何麻醉藥物（毒品）不會是眞正「幸福藥」的原因，無法一吃就眞正去苦離痛。那要怎麼解決痛苦的不快記憶？有些人說可轉移注意力，就不會一直想；也有人主張要提升自我的智慧層級，就能看破這些苦痛都是一場空。

不過那也都是他們在講。痛覺與其回憶都是你的內在感受，這只有你自己能解決。就把那些回憶中很痛的你找來，好好討論一下。

別忘了前總統的建議，找一個你不夠，可以找兩個「在回憶中很痛的你」。或找更多個。

第六十問

你認為你的痛有可能是別人的爽嗎？

很多人誤解了這一題，而往情色的方向思考。我某位修課學生的作業答案就是：「別人都說男友大GG會比較爽，但我有一任很大，我只覺得痛耶。所以我的痛有可能是別人的爽。」我要問的並不是這個方向。但有一點點是。

我們已把痛覺這概念翻來覆去的玩，現在要來看到更廣泛的內在經驗。痛覺雖然很常見，我們也總是從外在符號去推敲可能的內在體驗，但有些狀況會讓我們難以確定對方的內在體驗到底是哪種形式。

有時你坐在椅子上久坐，姿勢不正而讓腳麻掉了，它傳達的是種又痛又爽的感覺，你可能會覺得很痛，但是又癢癢的很想笑。所以「痛苦」與「快感」很可能不是必然的矛盾。它可以是交疊的，是不同向度的內在體驗。

因此你的痛好像有可能是別人的爽。有些刺激源和反應，的確可能造成我們的誤解。

此外，絕大多數人可能不知道，人類味覺裡面不包含「辣」，只有酸、甜、苦、鹹、鮮這五種。辣的感受機制和這五種味覺機制不同，嚴格來講是種痛覺。用辣來舉例，你對於這一題的掌握度就更高了，因爲你能想到很多實例。像對某些人來說，辣就是痛覺，所以他不敢吃辣，也有些人覺得吃辣很爽，或是辣帶來的痛覺與其他生理反應，可以激發出高度的快感。碰到辣，有些人只會痛，有些人又痛又爽，會不會有人只有爽呢？那我的痛，不就是他的爽了嗎？

我們可以把這種懷疑推廣到生活中的其他向度。別人在痛的時候，他們的體驗放到我們身上，眞會有相同的負面感受嗎？我們有機會從中獲得快感嗎？

有許多運動精英選手或運動愛好者是以高強度方式來進行運動，在這過程中會經歷各種痛苦的情境，包括生理與心理面的痛。而他們從事運動所獲得的快感，也就是這些痛苦所激發出來的。

在生理面，一定的運動強度可以刺激出腦內啡，帶來某些快感體驗，而在精神面上，經歷痛苦的運動或練習過程，可以建構出有相對難度的階層目標，而讓人藉由級級突破來獲得滿足感。

所以同樣的運動量，你可能只是痛，但他們掌握了技術，雖然還是會痛，卻也是會爽到。這能說是「你的痛是他的爽」嗎？好像是，也好像對不太上。這是從痛苦中開發出快感，痛苦仍然存在，但是被視爲程序上的必要，也沒有那麼負面。

那，會不會只有精英運動員能參透其中奧義，而我們還沒到那個程度？別想得那麼高階。很多男性在當兵時，也非常痛苦，而且主要是心靈而非肉體的痛苦，但也會透過各種文化詮釋，把這痛苦轉化爲快感。像那些在「天堂路」滾的，行軍走到腳爆掉的，還有餐餐吃爛菜爛飯的經驗，最後都成爲某種「爽」。

爲什麼？不是「痛極必爽」，而是文化定義了感受。

12 | 語言

第六十一問

你下一次回到自己房間的時候，打開房門時，發現你的座位上坐了一隻火星人。你覺得自己能和他溝通嗎？

很多人不知該怎麼回答這個問題，因爲他無法想像火星人是什麼樣子。不過，這部分可以交由你自由發想，因爲這問題想問的並不是史萊姆型或章魚型火星人的差異，我想問的是「溝通」這件事。

溝通到底是什麼？我們眞的有在跟別人溝通嗎？我們眞的「理解」別人想要跟我們溝通的內容嗎？溝通和理解是搭配在一起的，我們眞的能理解別人的話語內容嗎？

我可以建議一個回答時的思考方向。以下有很多類似原題的題組，你可以看看在你心中，火星人最類似下面的哪一組狀況。

第一組狀況是：你下一次回到房間的時候，打開房門，發現你的位子上，坐了你的家人，如弟弟，或是你的室友，你認爲你可以跟他溝通嗎？

我相信絕大多數人都認爲是可以溝通的。那火星人屬於這一個層級嗎？有些人認爲不算，因爲外星人可能不是講中文，或者外星人採用更高階或更低階的溝通形式。

第二組的狀況是：你回到房間時，打開房門，發現你的位子上有一隻蟑螂，你認爲你可以跟這隻蟑螂溝通嗎？

很多人認爲蟑螂當然沒辦法溝通，但還是有人會試著跟蟑螂溝通，就像看到蟑螂的時候，會大叫「走開!!」等等，用哭喊取代毆打。這些人認爲蟑螂在某種程度上是可以溝通的，那火星人屬於蟑螂這層級嗎？

第三種狀況是：打開房門，發現你位子上有一顆石頭，你會跟這個石頭溝通嗎？那火星人算是這一級的嗎？

外星人可能跟我們擁有完全不同的溝通方式，它採用的物理波段或是化學變化與人類現有的方式不同，所以它們對我們而言，很可能就像是一顆石頭，沒有任何反應。但就像有人會跟布偶對話，還是有人可能會認爲石頭是可以溝通的。他會以人類模式來「強制」石頭和他溝通。

第四組的狀況是：你回到房間時，發現你的位置上放了一尊石頭雕造的佛像，請問你認爲可以跟這佛像溝通嗎？外星人算是這一級嗎？

雖然與第三組一樣都是石頭，可是第四組有佛像的外型，很多人就認爲「祂」反而是可以溝通的，把佛像搬開來時，可能還會跟「祂」講兩句話，會抱持畢恭畢敬的態度。可能因爲石頭有個佛的形象，這些人認爲會有些東西附在上面。

回到火星人。火星人或許跟我們上面舉的四個例子，並沒有什麼關鍵的差別。我們每個試著溝通的對象，都有點像火星人。換個角度來思考，說不定我們日常溝通的對象，其實都是「火星人」。

那我們到底有在溝通嗎？溝通到底是什麼呢？

第六十二問

請在你擅長的語言中，選一個你認為無法準確翻譯成其他語言的詞。

現在有翻譯學這個學門，在過去也有「信、雅、達」的翻譯標準。不過除了所謂專業者之外，我們一般人也常碰到需要語言轉譯的情形，但不見得是「中翻英」這麼困難的工作，通常只是國語翻成台語。

任何語言，不管它和其他語言有多接近，只要有一段的時空區隔，就會出現類似生物那樣的「演化」，不只是文法，連詞義也會變得不同。像台灣的國語，跟中國的普通話，不只是發音和文法，在詞義上也有許多明顯的差別。雖然兩者都是中文，但大多數人只要看一兩行文字，不一定要聽到聲音，就可感受出這是不太一樣的語言，其背後的思維模式、價值系統都有差。

因此兩種語言就需要某種程度的翻譯，不只是「硬體」改成「硬件」這種直接代換，而是價值系統的轉換。像是將台灣文件轉成中國版本時，自動「屏蔽」掉

「六四」、「法輪功」之類的概念。那要換成什麼？我也不知道，因為我不太會講中國的普通話。

當然，非常相近的語言，像台灣的國語和中國的普通話，其語詞的意義仍是較接近的。大多數的客家話詞彙也不難轉譯成國語，因為使用環境相同，書寫文字也一致，可以視為是同一詞。但還是會有某些詞彙非常具有客家特色，很難轉譯成國語，因為這些詞可能不是來自傳統漢語，而是一些已消失民族的語彙。

有人主張，兩種語言中的詞彙，其定義範圍要完全重疊，彼此才「能」對譯。就這標準來看，那幾乎所有語詞都無法互譯了。

想想國語中的「黨」和中國普通話中的「黨」（党？）。這是同一個中文字，但是開展出來的定義差別很大。要說明中國人心中的黨概念，以台灣現有的國語用詞，可能要花上不少字。這種狀況不只出現在特定詞彙，我們語言的核心詞彙也會有這種現象。當我們用國語說出「媽的我超餓，幹幹」時，熟練國語的人就能體會其中的「幹幹」很難準確翻成其他語言。

不只是兩種具體語言之間的翻譯會有這種問題，小群體（你朋友之間）所使用的特殊語彙，就算屬於一種較大的語言脈絡（國語），也很難和這一脈絡中的其他語彙對譯。你現在若有使用社交傳訊軟體，如LINE，那在朋友群聊中，你們也會使用許多只有群組成員能理解的詞彙。當有外人問你這些詞到底是什麼意思時，你會如何「翻譯」呢？

你其實頂多只能「解釋」，邀請對方進入這種語彙的使用情境，而沒辦法「翻譯」，因爲在其他主流脈絡中不存在類似情境，也就沒有相對詞彙。像是國軍的「注意」，或是電玩玩家講的「坦」，都只能解釋，難以翻譯。

能「解釋」而無法「翻譯」，這會造成什麼問題呢？最直接的困擾，就是使用不同語言的兩造，彼此之間的溝通語句會越講越長，長到見鬼的長。有打LOL的人，不妨想想「是江狗卻不打野」該如何翻譯給鄉下的阿嬤聽。

第六十三問

有什麼詞是你用了很久，卻仍不太清楚它的意思？

翻譯很難，解釋也不簡單，但還有一種可能，就是你根本也不知道這個詞的意思，即便你天天都在用。這些「不明詞」，大概是你看到朋友先用了，所以你也跟著用，可是用了半天，你也不太確定它的確切含義，因爲你只是從上下文脈絡去推敲它的意思，並沒有眞的去問清楚過（可能是因爲擔心被笑）。

反正就這樣用了，大家不覺得怪，也就當沒事。但，就這樣的狀況來看，會不會根本沒人知道這詞是什麼意思呢？當然，完全沒人知道，卻每一個人都用得很爽的狀況，是不太可能發生，但我們的社會的確會有大量詞意混淆的情形。

像阿宅的「宅」，最初是有人將日文中的「御宅」（おたく、オタク、ヲタク、Otaku）概念引入。日本人使用假名，在中文化後，就用漢字的「宅」來表示（不然要用注音嗎？）。

但這卻使台灣人用中文的「宅」來思考這個外來詞，因此在台灣開始使用「阿宅」一詞之後，「龜在家裡，完全不出門」的意思也就替代日文原意的「沉迷」或「執著」。

意義的轉變是自然現象，沒有道德上的好壞問題，有些學者甚至主張詞彙意義本來就會不斷的飄移、轉變，想去「固定」是徒勞無功的。但這樣的不穩定狀況，會造成我們在溝通時的困擾。

我們可能永遠都在猜別人用語的眞正定義，因此大多數人講話的時候，都希望至少能確定用詞的大概意思，至少確定它「現在的」意思是什麼。而且如果對這種飄移狀況過分輕忽，也會引起傳統哲學家的不滿，因爲傳統哲學方法的第一步就是定義你的用語。

「那就講話前先定義用語不就得了？」雖然麻煩，但並非不可行。不過，某些哲學家還是發現進一步的問題：我們用來定義其他語詞的基本語詞，很可能也有意義不明的問題。

你「感覺」自己好像知道這些基本語詞的意思，但是經過深度沉思，就會發現似乎多數人都不清楚這些詞彙的意思。當然，有些詞彙相對明確，像「牆」，你可以指著一面牆壁，說「牆」這詞就是是這東西；但那些「不明詞」，是關於愛、恨、謝謝、疼痛、快樂、幸福。因爲沒有可見對象能「指」，所以大家無法確定彼此所指是否一致。

更嚴重的困擾是，有些更基本的詞彙也有這類問題。像「你」、「我」、「他」。「我」到底是什麼？「你」又指什麼呢？「他」是指你我之外，還是我之外，還是連我的某些部分都算是「他」？

甚至「是不是」的「是」，也是個大問號。你眞瞭解「是」的意思嗎？當我們問「是的意思到底是什麼？」這問題能回答嗎？你發現這問題的陷阱了嗎？

講到這就夠了。你大概已經瞭解本題眞正要問的是什麼了。

第六十四問

你認為什麼樣的範圍內叫做你家附近呢？

大多數的人可能會用「方圓」的概念來回答，像是以家爲圓心，向外畫一個可能是一公里的圓，這個範圍內叫做你家附近。

有些人是用實際可抵達的點、區塊，來當作是他家的附近，因爲有時你家旁邊搞不好就是山，那個山或是懸崖上不去。就算很近，你也覺得那算遠。

若考量到可及性，有些人乾脆就用道路分布做爲思考的基礎，像十分鐘能抵達的範圍。而以這種方式考量，也還有「走路」、「騎摩托車」、「開車」、「搭捷運」等不同交通工具的差別。

「附近」這個詞，對不同的人說時，也可能會有不同的答案。像是對於住在你家不遠處的人，當你說出「我家附近」時，所指的範圍就會比較小一點，搞不好就一個街區這麼大。但若你是台北人，一個嘉義人問你中正紀念堂是否在你家附近呢？這時你的「附近」的定義或許會放得比較寬一點，不只是一個里，可能搭捷運半個小時內，都可以算是你家附近。

「附近」就是一個「模糊範圍詞」，是爲了提供彈性空間而存在的，如果要講清楚，我們會講明是幾公尺，幾分鐘之類的。因此模糊範圍詞的存在，或許也對抗了要求「定義你的用詞」的哲學信念。

當然，多數人沒必要像哲學家那樣講話，我們有時候應該嚴謹，有時應該隨便一些，以免生活壓力太大。可行的方式，應該是從「目的面」上進行區分，在企圖清楚描述一件事情時，像是進行議題討論，或是指示、命令別人時，盡量不要使用這些模糊詞彙。

像約吃飯，人家問這餐廳到底在哪裡，你就明確的講，離捷運站五分鐘、騎摩托車十分鐘，怎麼騎比較快，應該停車在哪。而不是說「就在台大附近」，結果人家去到那裡之後才發現一點都不近，都到師大那邊了。

而在一些涉及美學價值的語句上，就可以容許使用模糊的範圍詞彙，因爲過分精確的語句，不見得能讓人發揮想表述的價值內容，像「這水果大概不是你會喜歡的類型哦！」、「這好像不是台灣人能接受的風格。」

就算是追求精準度的哲學家，也承認並非所有的語言都旨在精確對應外在世界，有時還是該採取相對模糊的立場，因爲在有些主題上「保持模糊」，才是一種「準確」。

對一般人來說，也不需爲此特別費心。當你發現你口中的「附近」、「大概」、「好像」用語，似乎開始引發別人的不滿、造成小孩變笨時，那或許就代表你的用量太超過了。但若有人指責你「話沒必要說的那麼明」、「這麼認眞幹嘛」、「我不需要知道這種事」時，則可能代表你太過精確了些。

誇張點說，精確語詞是用在保護自己的核心立論，而模糊的範圍詞彙則是人與人之間的緩衝帶。怎麼拿捏，就是語言之外的智慧了。

第六十五問

台灣多數的學校使用的上下課鐘聲都是一樣的，就是「當噹當黨～黨當噹當～」（這段文字應該會自動產生音效），請問你是怎麼知道這鐘聲的意思？

「我就是知道鐘聲的意思」、「因爲我可以看手錶」、「我可以看手機上的時間」、「我認爲現在這個鐘聲時間是對應到下課的時間」可是這些回答並沒有解決問題，爲什麼？

接下來我可以立刻請教你，爲何你會知道指針（傳統手錶）或手機上的數字，它是對應到整個宇宙運作的秩序（時間）呢？

具有宇宙物理學知識的朋友，可能會立刻發現這遠比你當初想像的複雜，但是大多數人或許仍沒意識到此問題的嚴重性。其實這要問的，是「符號」與「符號所指的意思」之間，到底是怎麼連結起來的。

我們生活中有非常多的符號，像是文字、數字，或者是像鐘聲、聲音、圖像，而我們常直接假設符號和大腦的某種意念是連結在一起的。比如我們看到「1」，就知道它代表某個數量概念，看到文字的「王」，就知道它代表是某些型態的政治領袖。

可是爲什麼這個符號，和它的意思是連在一起的呢？有些哲學家專注於討論這一方面的問題，他們一開始認爲符號和世界的連結應該有某種必然性，但隨著討論不斷深化，符號和其意義之間的關係看起來是更加脆弱，甚至根本沒有啥夠力的理由把兩者拉在一起。

如果我們所使用的符號系統和外在世界沒有什麼必然的連結，那我們使用這套系統來溝通，不就充滿著風險嗎？我所指的「1」和你心中所想的「1」，可能不是同樣的東西，那我們的語言要如何成立呢？（有沒有之前我們好像才討論過類似議題的既視感？）

爭議一直持續到近代，學者們才提出一個比較有共識的論點：「符號的意義是武斷的。」什麼叫武斷的呢？就是，並沒有任何原因，我們就是爽，所以把它連在一起。

我們所使用的語言有一套規則，但這套規則，不見得和外在世界有合理的關係，我們只是用得很習慣而已。就算是「象形字」，比如說「象」，也不一定要和眞的大象連在一起才能生效。你要把「冊」和眞的大象連在一起也可以，若別人也同意這種用法，「冊」就眞的可以在通用語言中意指大象了。而且眞的大象，側看也像「冊」呀。「象形」不是能產生必然的法則，仍是大家爽，就可以用。

這不是亂舉例，我們還眞的常這樣幹過，想想「囧」這個字。如果符號的意義是武斷的，我們就應該警覺是否在日常生活中，把太多符號的意思視爲理所當然、天經地義，而在無形間中了圈套。

想想瓶裝飲料的顏色。它們一定得是那個顏色嗎？葡萄口味飲料爲什麼都會染成紫色？養樂多爲啥是腦漿色？那綠茶外包裝爲啥不用腦漿色呢？

第六十六問

意義的意義是什麼？

大家的反應可能非常快：「意義的意義就是意義」，這種套套邏輯並不是我想要的答案，請給我點不同的東西。

有人會說，意義就是「意思」，所以意義的意義，就是「意思」。這能成立嗎？我們不妨用類代數的符號方法來驗證一下，把「意義的意義」轉換成「X of X」。如果「意義」等於「意思」，那這兩個X都可以用「意思」來代，對吧？那「意義的意思」和「意思的意義」，這兩個引號內有等值嗎？那「意義的意義」和「意思的意思」，在中文上是等值的嗎？這四個引號應該「全等」哦！

精確的人可能就會有點意見了。如果用英文來思考，這之中的問題就更明顯。假設意義是meaning，意思是sense，The meaning of sense和The sense of meaning是一樣的嗎？

有些人會提出不同的答案，如「意義的意義，就是定義」，那我們照上面的方法去代入X，那「意義的定義」和「定義的意義」，「定義的定義」和「意義的意義」，這些引號理論上應該是等值的，可是它們眞的是等值的嗎？如果把定義翻成英文的definition，那這種落差感更大了。

只要你獲得一個答案，就可以代進去、套看看，你將發現什麼答案看起來都怪怪的。此外，你還會發現一件很妙的事情，當我們企圖回答「意義的意義」中第一個意義爲何時，它的答案會立刻影響到第二個意義。

比如說，當我們說「意義」的「意義」是A，我們其實已知道了後一個「意義」是什麼，才能說前一個「意義」是A，但你所回答的這個A，又會立刻影響到後一個意義，它可能產生新的答案B。這會形成一種不斷的循環或發展，當你嘗試要說什麼的時候，還不用說出口，答案內容就被你的想法改變了。

這個有趣的問題是語言哲學家發現的，不過也很值得一般人來思考。在我們生活中有許多詞彙，就像「意義」這種詞，它們是操作概念時的根本工具，可是這些詞彙本身的「意義」，卻沒辦法精確掌握。它們可能非常粗糙，卻被人們拿來處理非常精確的事物。

就像我們請教別人「請問你所說的正義是什麼意思？」聽與說雙方都認爲焦點是在「正義」一詞，卻沒想到答題關鍵可能是在「意思」。我的意思是什麼意思，和你的意思的意思有一樣嗎？

一旦瞭解到這點，可能會讓有識者背脊一涼，不知自己之前所說所做是否還有「意義」。但這不影響我們日常的溝通，反正日常溝通就算有想法落差，也不是無法解決或承擔。

但當我們企圖將語言精煉以處理高階問題時，就會碰到某種障壁。你將發現語言就像危險的遊戲，可能踩第一步就掉下洞，GG。而不玩這遊戲，人生也是一樣會GG。那該怎麼辦？

13 | 知識

第六十七問

你認為人發明的東西，人就一定有辦法破解嗎？

你可能會想到什麼密碼戰的電影，但這問題沒那麼高級，在我們生活中很常看到這種矛與盾的對決，像是「躲起來的警察」和「閃過可能攔檢點的騎士」。你也會思考眼前的奶茶是不是眞的奶和眞的茶，還是用什麼化學物質合成的。

有些人主張，只要是人發明出來的東西，就一定有辦法找到那人所留下的破解「鑰匙」，並用鑰匙去把它解開。這把鑰匙通常就是密碼之類的東西，或有個特殊的運算程式，又或是生物特徵感應系統。

但「人發明的東西，人一定可以破解」這樣的想法，牽涉到邏輯上的「全稱」的概念，也就是「所有狀況都成立」。在眞實的世界裡面，使用全稱的風險很大。機率値爲零，不代表不會發生。

你很可能認識或想到的例子不足，或是只是用少量的例子去推想全體。因此「人發明的東西，人一定可以破解」不是科學描述句，更像是一種「信仰」。但有這種信仰或執念的人很多，賭徒之中就存在不少這種人。澳門、拉斯維加斯的賭場，都經常有一些賭徒會在場內不斷紀錄「吃餃子老虎」（拉霸機）的每次結果，並嘗試從這個結果去逆推出成因。

俗稱這叫「逆向工程」，實際上逆向和順向推理有明顯的邏輯差別，但很多人因爲缺乏這樣的認知，所以相信從結果必定可以推知有效原因。這當然不是科學，而是種信仰。

依我在賭場玩吃餃子老虎的經驗，那些機器可能有雲端資料庫，甚至會記錄客人的個資，你走到哪就把對你的策略帶到哪，也可能參考你的情緒和反應來調整每次拉霸結果的出現機率。有程式設計概念的人就會知道，這是要怎麼從少量的數據去逆推呢？你玩的每一次，可說都是不同運算機制生出來的結果啊，而且你當下的行爲又影響了之後的結果，每一個結果都可說是自有一套機制。

所以，當我們覺得自己在做一些很科學的事時，我們很可能沒那麼科學，甚至非常「宗教」。你是堅持相信一些原則，並用力執行這些原則，但對於這些原則是否成立，並沒有認眞的思考過。別笑那些不懂程式或統計學的賭徒，許多科學家也會在無意間犯下這種錯，通常是他們離開自己熟悉的科學領域，轉進到不同科學範疇時，會非常相信「自家的那一套在別人家也一樣好用」。

有例子嗎？多的是。台灣的大教授們經常講出一些匪夷所思的話，就是這個原因。就當代科學哲學的看法，每個學門都有自身的典範，自有一套思維推理模式與價值系統，各學門典範相交集的部分可能很少，有時甚至會產生矛盾。但多數「自以爲很科學的人」並不接受這種看法，即便他們清楚數學和生物學之間有很大的方法論落差。

爲什麼呢？想想原問題，「眞正科學」的回答是什麼？「不一定」？還是「我無法說出任何答案」？

第六十八問

你認為自己在記憶方面比較在行，還是運用知識方面比較強？

我們前面談過記得多和記得少，現在來看看記憶力與運用力之間的差別。當然，直接把人的腦力區分爲「記憶」和「運用」這兩個層面，失之武斷與粗糙，但用這種名詞比較能讓普通讀者進入狀況。

記憶，通常會讓我們聯想到「背誦」的能力；運用，則可能是舉一反三，或是算數學。有些人認爲這就是文組與理組的差別，所以「背誦」強的人要去讀文組。不過依我服兵役時的經驗，我那些優秀的理組同期弟兄，背誦毫無營養的軍書內容時，也是「又快又準」。他們能快速研發出背書的系統方法。

回到個人的層次，你可能認爲自己記憶力或運用力都很弱，但總有一邊是相對較擅長或較喜歡的。有些人相對擅長記憶，他能把掌握到的知識有效儲存在自己大腦裡面，但拿出來用時，可能不見得靈光。我碰過有人居然記得小學同學穿的衣服與水瓶的樣式，那根本就是超級記憶術了。

有些人認爲自己擅長的是運用知識，他大腦裡面記不了太多東西，可是你給他三句話、三樣東西，他可以講一個下午。他透過大量的排列組合，從現有的東西生出有價值的新成品。我們一般講的「創意」，不是無中生有，而是重組過去生活經驗而產出的。

那我們爲什麼要思考自己是記憶力強，還是運用力強呢？大家總會碰到一個問題，就是在將來的世界會比較需要哪一方面的能力。有些人認爲，現在有所謂的人工智慧，或許我們就不需要運用知識的能力；也有人認爲雲端儲存和搜尋引擎這麼發達，我們就不需要記憶了。

所以人類都去死一死嗎？沒這麼悲觀。我們還是需要記憶力，記那些電腦無法處理，或只對自己有意義的部分。像是內在的體驗，連外人都難以得知，電腦當然也就難以涉及。

運用力呢？傳統的數字運算肯定會被電腦所取代掉，你還可以算的，是無法用電腦處理的部分。是什麼呢？剛才不就提了，「內在體驗」。可以被「儲存」與「運算」的，基本上都是客觀或外在的資訊，主觀和內在的領域，連客觀溝通都有困難，電腦也就難以幫得上忙。

隨著我們將越來越多的外在資訊交給電腦，我們就能騰出心力，將更多的內在感受轉化爲能客觀處理的部分。這些新產出可以讓人類文明更加豐富，當然也就需要新的「儲存」與「運算」技術。

這種狀況已經發生。當代學者已不需要花費時間翻整本經典，學術討論經常是人手一台平板或筆電，隨時找尋世界上的學術資源來豐富溝通的內容，所耗時間相同，卻能走得比過往還要大步。

執著於舊工作模式的人當然會被電腦淘汰，但眞正的產出者，永遠能找到自己的生存位置，不論是長於儲存，或是熱愛運算。

第六十九問

請舉出一個你曾經以為它是「假的」，但是後來卻發現它居然是「真的」的事物。

請先不要聯想到「外遇」和「假的」之間的關係。這問題探討的是我們審查知識所採取的「避險措施」。這什麼意思呢？

我們的社會裡面有許多虛假的資訊，也有很多刻意騙人的傢伙，爲了避免這些惡意者造成我們的損失，所以在篩選資訊的時候，我們會運用一些標準，排除掉一些「高風險」的訊息，即非常有可能是假的，或是具有威脅性的資訊。

在這個篩選的過程中，有些眞的資訊，可能因爲我們個人在知識篩選原則方面的不足，就把它篩選掉了。特別是對於不熟的領域，我們通常會採取比較保守的態度。

但科技突飛猛進，可能已研發出全新的東西，這是完全在你的知識領域之外的，就被你排除掉了。誤判的影響若小，只是讓你鬧笑話，但影響若大，則可能讓你有生命財產的損失。那該如何判斷我們所持的知識篩選標準是否合適？我個人在知識的立場比較偏向經驗主義，所以我是採用不斷「試錯」的方法，外加成本效益考量，來解決這方面的問題。

那要如何「試錯」呢？第一個簡單的指標，就是這些新資訊是否能跟你過去其他知識串接得上。有個名詞叫「知識之網」，個人所擁有的認識和信念，通常可以彼此連結成一個巨大網路，互相證成，以強化可信度。

「知識之網」當然偶爾會出包（像是古人怎麼看地面都是平的，因此認為沒有地球，而是地平），不過大多數狀況下不會出問題。知識之網也是很好的濾網，與現有知識有足夠相關性的新知識，就會被它抓住，不夠相關的就掛不上去。

有些人會質疑，若大家都用知識之網來過濾知識，那科學的人不就越來越科學，迷信的地方就越來越迷信嗎？

如果知識環境很封閉，這種狀況的確有可能發生，不過在當代世界，我們會大量接觸不同社群的資訊，科學人會看到許多迷信的東西，迷信的人也會看到很多科學的東西，真正穩固的知識之網，就越能經得起這些外來資訊的考驗。

即使活在一個非常科學，或是活在一個非常迷信地方的人，只要他有充分機會接觸到其他資訊的話，這些資訊所帶來的知識撞擊，就有可能「擊穿」他們的知識之網，刺激他們思考現在所相信的這套系統，是否爲眞的知識。

透過這種不斷的互動，人們會慢慢發現有些體系相對卓越，更能提供生活上的踏實感，也會慢慢接受新的知識之網。因此，兩百年前華人的知識之網，和現在的華人已有很大差別，因爲幾乎已經整組砍掉重練，變成洋人的知識之網；而你今日的知識之網，也和你小時候的知識之網有很大的差別，這是因爲你受過高等教育，學校直接補給你超大的一張網。

我們的人生就是不斷在補破網，你若不認眞補，別人就會補得比你大張、比你穩，然後利用資訊不對稱來電爆你。所以皮拉緊，好好補，別混。

第七十問

請問你現在最喜歡吃什麼？你認為將來會一樣嗎？「喜歡吃什麼」算是知識嗎？

有人從小到大喜歡吃的東西都一樣，有人喜歡的食物可能早上晚上就不同。你可能也是看到網路上轉貼的食記，就會覺得肚子餓。「喜歡吃什麼」是個人偏好，個人偏好可能變來變去，但也可能有某種常態。那這算知識嗎？

嚴謹者認爲「個人偏好」達不到知識應有的「穩定度」或「眞理性」，似乎很難被當成「知識」來看待。但我們又經常臆測別人偏好，並嘗試把這類資訊知識化，希望能與他人有良性的互動，像是確認客戶或女朋友她爸愛吃什麼。

所以這到底是不是知識？似乎應該先來看知識的定義才對，但這個定義也很有得吵，不如先把人腦中的資訊粗分爲兩類，一類是經過系統化原則處理過的，暫時稱之爲「知識」，另外一類是「信念」，是未經嚴肅處理就直接拿來用。兩者不是完全二分，某些信念透過驗證、推理的過程，就能轉變成爲知識。

會讓你嚇一跳的是，就算你自覺不「迷信」，但你平日生活倚賴的資訊，很少是上述的「知識」，絕大多數是「信念」。就像騎車時看到前面的紅綠燈，你認爲它是否正常運作呢？大多數人都未經科學驗證，就直覺認定它是正常運作。所以你是「相信它是好的」，這是信念，不是知識。

考慮到機會成本和個人能力，我們不可能去做那麼多的實驗、觀察和推論，只能相信這個社會將如「想像」的那樣來運作。如果它不是這樣運作，我們就會受到很大的傷害。像是黑心食品，或是碰到交通號誌壞掉的狀況，這都可能會出人命的。

我們仍應盡可能把信念轉變成爲知識，這樣才能讓我們生活更加安穩。這可以透過一些替代的知識方法來補足。就像雖然有紅綠燈，你也記得要左右注意來車，因爲驗證紅綠燈是否正常運作，沒那麼簡單，但眼睛放大一點注意現實情境，成本相當低廉。

每個人能力終究有限，我們仍需要龐大的社會互助體系來確保資訊的可靠度。這體系包括政府機關的監管、公民團體的監督，或是一些社團與企業的協助，外加熱心民眾的幫忙。

回歸「吃」。對於「喜歡吃什麼」，很多人只讓它留在信念的層次，而沒有讓它成為知識，這其實有點可惜。因為「吃」有強大的價值意義，我們可以透過反省自我的飲食喜好，找到個人價值體系中的蛛絲馬跡。

也就是說，即便「喜歡吃什麼」難以知識化，但「為什麼你過去喜歡吃這個」、「為什麼你一看美食節目就會受到引誘」，卻是可以知識化的主題，而且對你很有直接的幫助。

就像有人說他「喜歡吃阿嬤的那種家鄉味」，但為什麼呢？是因為阿嬤的老派廚藝，又或是某種特殊的小牌子醬油，還是因為阿嬤總是倒一茶匙味精呢？

想到那一瓢味精，你可能就會覺得這事有知識化的必要了。

第七十一問

你怎麼知道地球是球狀的？

「小學有地球科學等自然科目，裡面有講到」、「在更小的時候有看過地球儀」，或「讀過一些科學童書」，或「老師告訴我的」，或「父母告訴我的」，這些都是常見的回答，但也都無法讓人滿意，因爲「都是別人講的」。

大多數人都沒辦法用科學方式證明地球是球狀的，對此，我可以提供一個小故事。

二十幾年前，男生考上大學時，要先去成功嶺進行爲期一個月的軍事訓練。有位考上台大的文組同學，當時睡下鋪，晚上非常無聊，就和上鋪一位考到台大電機系的同學閒聊。

他們每晚閒聊的主題都一樣，就是：「你怎麼知道地球是球狀的？」下鋪文組同學提問，上鋪的理組同學就努力說明他所知的科學解釋，從艱深的宇宙物理學，到常見的地球科學知識。像日月蝕的陰影是圓形的，或是你從廣角看海平面，會感覺它有點弧形，又或是有人環遊世界、繞地球一圈等等。

但躺在下舖的這個文組同學呢，總是可以提出進一步質疑，像是「你又沒有自己親自去過」，「他也許是騙你的」，或者「飛機飛出去也可能只是在空中繞一圈就回來了，然後跟你收很貴的機票錢」，又或是「海平面看起來像弧形，搞不好是因爲你的眼睛是圓形的啊！」他總是可以找到推翻對方的理由。

下舖同學用的方法很簡單，就是這些「知識」，你只是聽別人講，你就信了，那你爲什麼要相信呢？就算你用自己的感官去驗證過，那爲什麼你的感官可信呢？

這是種被稱爲「懷疑論」的思考方法。我們都清楚人會有錯覺，連親身經歷的知識都可能有錯、有謬誤，那爲什麼我們該相信其他人所傳遞給我的資訊呢？

要反駁懷疑論者，需要清晰的思路，對一般人來說沒那麼容易。所以上鋪哥在結訓那天，對下舖哥說：「我想了很久。其實我也不太確定地球到底是不是個球。」

懷疑論的最大弱點，就是他們也沒辦法證明自己比我們知道得更多，甚至他們口中一切懷疑的立足點爲何，他們自己也說不出來。他們只是想證明你知道的「不算數」，但這不能讓他們的立場或主張變得比較可靠。

請永遠記得一件事，沒有任何知識立場是「絕對」可靠的。但有「相對」可靠，這就足以對抗懷疑論者了。

懷疑論雖然被許多哲學家討厭，但保持「懷疑」的想法，對於拓展個人知識向度仍有一定幫助。你應該適度懷疑身邊的資訊，如果能熟練思維方法，更可大膽懷疑常人所擁有的信念。

別忘了，人類相信自己腳下大地是平面，足足相信了幾萬年。那爲什麼會有人開始懷疑這件事？那個懷疑的人，是不是被當成「下鋪哥」一樣的白痴？兩者差別在哪呢？

第七十二問

你每天早上起床之後，都會從冰箱拿出牛奶倒入杯子中，然後放到微波爐裡加熱，等到牛奶加熱好了，你把牛奶喝掉，把杯子洗好掛回去，然後做最後的梳妝打扮整理，提著包包出門上班上學。某天你一如往常的操作，正準備踏出家門時，微波爐卻發出嗶嗶的聲響，告訴你還有東西沒取出。你打開一看，才發現裡面還有一杯剛熱好的牛奶。你認為到底發生了什麼事？

過規律生活的正常人（除非你認爲「規律生活」和「正常人」這概念有矛盾）應該會對問題中所描述的場景感到驚訝，因爲這簡直是靈異現象。但仔細一想，這種事或許還蠻常發生的。

可能的理由大致有三種。第一，是「以爲自己喝了，但其實沒有」。同樣的事情重複做多了，有時沒有加上確認手續，就眞會漏了一兩個環節，等出大包了才發現少了應有部分。

這種人要不是經常忘東忘西，就是明明就是有一個SOP，但不愛按照這SOP去跑。如果你到了學校、公司，常發現「以爲有帶」的東西沒帶到，那大概就是這一款人。

有這缺點的人還蠻多的，所以在操作機械與槍枝時，常有「手到口報」的要求，要指著那環節喊出「有」。捷運、台鐵發車，或是軍人操作槍械，都會有這種動作。但在家中做這種事，感覺還蠻智缺的。

第二種理由，是「已經微波並喝了，但因爲操作錯亂，又熱了一杯」。這種人往往不是因爲不小心，而是壓力太大，無意間又重做了一次。

如果你總是出家門後，開始想東想西，想說是否忘了帶鑰匙、手機，在那邊檢查半天，又或是擔心忘了鎖門、關火、關燈，都已經離開很遠了又再倒回去檢查，那你就是這類的人了。過度謹慎，也不太好。

第三種理由，就是主張「家中一定有其他人」。有家人、室友，或者有小偷。因爲原問題也沒說你是一個人住。

持這種主張者很確信自己知識操作流程的穩定度，所以認定不會是自身的問題，必然有其他的外力影響。持這種看法的人不少，但不代表他的行事是最遵守

SOP的，他可能過分自信，而忘了自己的可能錯失。

這個小測驗可以幫助你思考面對知識誤判時的常見成因。第一種人，當然就是失之粗心，第二種人太過緊張，第三種人是失之武斷，因爲的確有時候不見得有其他人在，我們只是習慣把自己的責任推給他人而已。

知識不只是對於外在世界的認知，也包括了對於自我的瞭解（別忘了「吃」），其中當然涉及了自身行動的管理模式。這方面的知識或許才是最有價值的，然而我們常只注意在其他方面（學術、工作、雜學、興趣）的知識，而忽略了這種切身的根本。

或許眞要等到每扇門後都有杯牛奶時，你才會發覺問題的嚴重性吧。

第七十三問

科學家把市面上的三秒膠都拿來做實驗，發現它們都要四秒以上才能達到其宣稱的黏著力，你認為這些產品還可以叫做三秒膠嗎？

類似的「名實」問題在當代社會層出不窮，廟堂之上，政府高官也在吵這議題，甚至有人主張老婆餅裡沒有老婆，所以米粉裡面沒有米，也不是個大問題。我們可以接受有些的東西「名不符實」的，像太陽餅、長頸鹿美語，可是有些東西我們又會要求「名實相符」，像蚵仔煎、蝦仁炒飯。何嘉仁美語，就有人質疑爲什麼不是何嘉仁本人教呢？

那長頸鹿美語，因爲它名字取得好，所以就能避免這樣子的質疑和要求嗎？或許我們應該拉出一條界線，明確認定某類東西應該名實相符，比如說名稱包括「可能放進去」的具體物時，那就應該是要能放進去。不過依這標準，「素雞」就糟糕了。

「一條鞭」解決爭議的原則或許不存在，也不可能存在。我們只能透過社群溝通來建立某些共識，而且這些共識是會隨時空條件浮動的。在過去，米粉裡面沒有米，鳳梨酥中沒有鳳梨，大家還能默許，可是現在黑心食品越來越多，民眾在意食品添加物，開始要求米粉要有米，醬油必須純釀造等等。

我們會越來越嚴苛，有些積非成是的東西，像是比目魚拿來當鱈魚賣，在過去你若質疑這點，甚至會被說是「外行人」，但現在也有人開始要求應標明是比目魚，不可再僞稱鱈魚，因爲眞的鱈魚已被吃到快絕種，幾乎都沒有了。

幾年前曾有過「松露巧克力」的爭議，這東西是像松露的「形狀」，而不是松露的味道，也沒有松露的成分。這就應該在包裝上充分說明，以免引起不識者的誤會。當然，有些明顯是專有名詞的名稱，像老婆餅、太陽餅，這些產品就沒必要太認眞，但還是應該標示清楚其內容物，因爲從名稱無法看出它有什麼。

除了食物的爭議之外，類似的「混淆產品」仍有很多，我們不可能要求民眾具備對生活物資的成分知識，因此說明清楚的道德責任就落在業者身上。但總有業者以「生意可能變差」來推拖，這當然應該予以譴責，甚至重罰，因爲他們就是透過欺騙消費者，以誤解來牟利的。

那三秒膠呢？有些人認爲三秒是形容快，實際上三秒五秒，沒啥差的。但也有人認爲三秒是效果標示，達不到就是詐騙，雖然損失很小，但錯就是錯。就實務角度來看，只要不會慢到「三十秒」，三秒或六秒生效，差別眞的不大，應該很少人是黏了三秒，馬上就要試他的拉力吧？會在意的應該是無聊人士吧？

但在我提問之前，你可能從來沒想三秒膠的名實問題，就像你不太會懷疑每一個名稱或標示的眞實性。這種知識態度是正確的嗎？我們是否已在某個地方蒙受損失已久？

很有可能。但如果沒有「無聊人士」開始追問，可能就永遠不會有消費者知道。所以閒著的時候，不妨無聊一下，拿著手邊的產品來推敲。

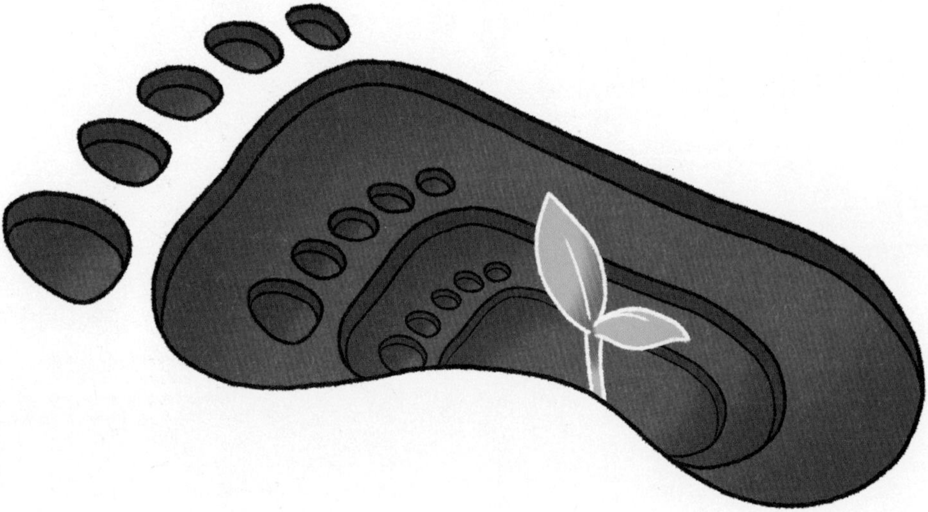

14 | 存在

第七十四問

如果明天早上起來你發現自己變成等身大的蟑螂，你會做的前三件事情是什麼？

等身大，就是和人一樣大。這當然是非常詭異的狀況了。

有些人一覺醒來變成蟑螂之後，會非常的慌亂，不知道該做什麼事情，所以他列的前三件事彼此之間沒有邏輯關係，也無助於解決燃眉之急。

有些人平日做事有條有理，變成蟑螂之後也是同樣有條有理，他會先打電話聘經紀人，看能不能安排自己上一些綜藝、談話節目，徹底轉型什麼的。

有些人會選擇測試自己到底有什麼功能，能飛嗎？能講人話嗎？到底要吃些什麼東西呢？他等於是開啓了一種全新的生命形式。

這個問題雖然古怪，但可以用來檢視你的「自我」觀念。一般最常見的自我定義，就是手腳軀體部分，算是自我。所以一旦變成蟑螂，這些肉體派的人會非常慌亂，因爲他界定自我的方式是透過肉體，沒了肉體，他就失去自我了，不知如何活。

但冷靜派的會提醒，反正是假想的狀況，你的腦還能思考，代表應該沒變成蟑螂腦，若擁有人腦的運算能力和記憶力的話，那就「還好吧」，仍可做很多事情，或許會比現在的死肥宅肉體有更好的發展。這種人的「自我」似乎就不是以肉體爲邊界，而是以記憶力、運算力等思維爲準。

我這問題其實也不是多異想天開。有個存在主義作家叫做卡夫卡，他寫過一本小說叫《變形記》。主角原本是一家的經濟支柱，但一日醒來變成巨大甲蟲之後，被家人當成累贅，全家陷入危機；最後他在房中默默死去，家人似乎還很高興，覺得苦難結束，可以開始新生活。但一開始，他是一家的支柱耶。

前面提過，許多存在主義者認爲人生是荒謬的，《變形記》的結尾也傳達出強烈的荒謬性。你總覺得自己很重要，背了很多的責任，扛了很多的期許。但實際上你眞的有這麼重要嗎？

「但我不會變成蟲啊！還不是只能乖乖的扛責任！」

當然，我們沒辦法變成甲蟲，也沒辦法變成蟑螂，但的確有可能一覺醒來發現自己中風了，突然生了重病，從家中的經濟支柱一下變成家裡的累贅。我的心靈還在，但我還是我嗎？

「所以自我就是心靈加上肉體囉？」

但有些人會透過財富、社會成就、生活經歷、特殊技能來建構自我，這些也不能說是心靈層次，更不是肉體，可是少了這些東西，他也就消失了。所以到底自我是什麼呢？

多數人不清楚「打坐」這種功夫到底是在幹嘛，覺得是裝神弄鬼，或是坐著發呆、睡覺。但有種打坐的心法，就是坐下來，閉眼靜靜思考「哪一個部分是自我」。從頭頂想到腳底，從內裡想到外在的大千世界。

聽起來簡單，但做起來容易嗎？反正不用錢，就試一試吧。

第七十五問

癱瘓者有兩種。第一種可說是只有心靈而無肉體，他的大腦還在運作，可是完全無法操作肉體，第二種，是只有肉體而無心靈，他的大腦已經損壞，是透過小腦、延腦的部分在維持生命跡象。這兩種人，你認為哪一種比較慘呢？

前面一題在吵到底什麼才是自我，主流說法大概就是分爲「心」和「物」來推估，在這題中，我們要看的是哪一邊比較重要。

精神派的認爲是心靈，只要心靈能存續下去，不管它移植到別的身體上，或移植到電腦裡面都可以，反正我的心靈存在，我就能發揮十成功力。

肉體派則認爲肉體才是王道，沒有肉體只有心靈，那有什麼用呢？如果人只剩下心靈而無肉體，或是像本題的前一種癱瘓者，困在肉體裡面無法逃出來，那才恐怖，所以這證明只有心靈是不夠的。

若要把心靈放在機器，或移植到其他肉體裡面，那也是因爲新肉體比原本肉體在某方面更好，你才會移植吧！所以這想法反而證明肉體的重要性。

有很長的一段時間，哲學家們傾向肯定精神（心靈），而忽視或否定肉體，唯物論被視爲是搞不清楚狀況的末流。不過大概自二十世紀中開始，部分哲學家再次主張肉體是建構自我認同的核心部分，也認爲我們應該同時重視身心這兩個層面。

除了思想界，一般人也曾隨著生活輔助工具越來越多，要學習的知識爆量，所以曾一度不看重肉體能力，也沒有時間精力去管肉體。但或許是肉體因此虛到極點，拖累了心靈功能，多數人現在又開始熱血運動，想要強化肉體。但靈肉相比，可能還是比較偏向「靈」。

多數人的「靈肉比重」可能是七比三，或是九比一，但這樣的比重分配也不是固定值，有時我們會突然調高對肉體的權重。像你在生病的時候，你就充分體會到健康的重要性，甚至是你的第一價值，而「健康」所指的，通常就是你的肉體的正常運作。

當代學者之所以採取混同觀點來看待肉體和精神之間的關係，是認爲不應把「身心」視爲兩個層面，兩者是互相交纏，沒有分開的可能，過去之所以會分開來思考，很可能是犯了一些推論謬誤。

但對一般人來說，好像是身就是身，心就是心，要怎麼整合在一起，或如何用融貫的觀點來看待自我呢？

有些運動選手的說法或許值得你參考。精英運動員常提及自己操作某種高強度運動時，肉體和運動器材（球拍、球棒、球）就像是自我精神的延伸，「一想，就眞的做到了」。

你也應該有類似的體驗，像是打字、騎車時出現的「人機一體」、「人車一體」的感受。透過這種境界提升的過程，你就能察覺自我身心的整合性。有諺云：見山是山，見山不是山，見山又是山。你就試著人車分離，人車一體，人車解體。

第七十六問

有個朋友興趣是改裝機車，他想出一個超級改裝計劃。計劃第一天，他買了台原廠車，並命名為「台客號」。他把台客號在家中工作室架起來，買了一些他廠零件，然後手工改車。他每天只修改車上的一個零件，每天換下的零件都不重複，拆下來的就先放在儲藏室，並換上他買的零件。假設一台車有三百六十五個零件，經過了一年之後，全車零件就都被他更換過了，他也就改出了一台不可能有人超越、100%改裝的機車。看著眼前的成品，他雖然驕傲，但也發現一件怪事。之前拆下來的原廠部件，都還是新的，放著也是浪費，所以他就把這些原廠零件組合起來。於是他眼前又出現了另一台車。架子上的那台100%改裝車，是台客號沒錯，但那些原廠部件組成的第二台車，卻是第一天命名當時的台客號呀！那，到底哪一台才是真正的台客號呢？

這是非常受歡迎的思想實驗，許多次教學示範，我都是用這題順利闖關。其原型是來自於希臘的「特修斯之船」這寓言，而「台客號」也不是我改出來的本土化版本，這是其他台灣哲學系老師的創意。

這個問題思考的是「A之所以爲A的條件是什麼？」我們之所以是我們自己，最重要的條件是什麼，是我們的精神嗎？還是我們的肉體呢？還是像前面說的「靈肉合一」？

有人認爲，一直存在架子上的改裝車，它是個持續存在的個體，所以那才是台客號。反對者則認爲，那台原廠零件組成的才是眞正的台客號，因爲那是命名當時的個體，它更是「正宗」。

那到底哪一台才是眞正的台客號呢？這更像是個價值觀議題，而非眞假的知識論或形上學問題。有些人就是喜歡「原裝」的，有些人就是認同「改裝」。

對於我們當代人來說，這個問題有不同於希臘人的意義，因爲我們正在研發複製人科技。將來有天你肉體老化了，而複製人科技已非常發達，你可以用自己的細胞去發展出你自己的器官，接著把你身上的舊器官代換掉。甚至你也可以用其他人的器官，像是如果你能匹配金城武基因的複製器官，就可以用它來把自己改裝成八兩金城武。

有天你可能全身上下所有的細胞、所有的器官都代換成爲新的肉體，雖然你的精神，也就是記憶部分還是一致的，可是肉體完全換掉了，那你還是你嗎？

這複製人的問題，又和台客號有什麼樣相關性呢？你可以把自己對於兩題的答拿來比對。你一樣認爲「原廠」的才是本尊嗎？還是能大方接受更換「零件」？對於人和機械，你的答案是傾向於同一側嗎？理由又是什麼？許多人認爲人是生命，是有機的，車子不是「有機」的，車子就是由零件加總所定義，但人有「零件」之外的部分，人是「整體大於部分的總合」。眞的是這樣嗎？

複製人科技實用化的那天可能遠比你想得快。說不定，比你找到這些問題的答案還快。

第七十七問

你認為，你和小學六級時的那個自己，是同一個人嗎？

這個問題看來有點玄，很多人可能看不懂，但我的問題並沒有什麼深意，請你仔細回想你十二歲的時候，和現在的你，有什麼樣的差別呢？

這差別可能非常全面，包括肉體的成長，心靈上的發展，還有各方面的經歷，都讓你和十二歲的自己大不相同。你的人格可能因此改變了，但這能讓你變成「不同人」嗎？

「應該還是同一個人，但有很多部分不同。」這個答案看起來很直覺，但請仔細看這句子的結構，是否會覺得有點矛盾？到底是同，還是不同？

「有些關鍵部分一樣，其他改了。」哲學在界定或區分個體的時候，習慣提到「存在」這個概念。我們認爲小學六年級的你和現在的你，是同一個「存在」，不管你現在是五十歲、三十歲還是二十歲，甚至只有十三歲，只比小學六年級多了一歲，你就是你，這些年齡的你都是「你」，因爲是同一個存在。

那爲何這些「你」都算是同一個存在呢？你可能主張現在的你來自小學六年級的你，你可以看到從「他」發展成「你」的脈絡，因此你和他的差異是可以被觀察、解釋、理解的，所以那並非造成「你不是他」或「他不是你」的差異，反而是證明「你就是他」、「他就是你」的差異。好像很玄哦。

雖然玄之又玄，但這能刺激我們改變傳統的思考方式。我們總是習慣性的認爲是些共通特質使得我們能辨認自己，但是這問題讓我們發現好像是種時空的持續性，讓我們確認自身的存在同一性；特定條件或某些性質的一致，反而不是同一的關鍵。

所以，我們過去思考自我、認同自我的角度，可能都太過狹窄了。每個人就像一條長河，有上游這種起源，也有下游這種終末，上下游差異很大，但仍是一條河，由各種性質組成的河。

你之所以是你，不只是靠基因，其實通常也不會想到基因，你正常狀況下也不會幫自己做基因檢測吧，你只是假設基因相同。還是說是靠某些個人特質？但個人特質的出現與消褪，可能也沒有整個人生那麼長。我們的存在是個複雜的整合，實在無法簡化成特定的要素，除非是簡化成「存在」本身。

這類問題屬於哲學裡最難的學門「形上學」。一般人很少思索形上學的問題，但都會抱有有某種形上學立場，像是相信宇宙運行有一定原理（道？），認定世界的基本組成要素爲何（氣？），以及對於存在的看法。像外在世界存在嗎？有第二個人存在嗎？我存在嗎？這一秒的我和下一秒的我，相同之處，是不是只有存在呢？

這些問題看來無趣，卻有可能是你處理倫理問題、價值問題、知識問題的根本。畢竟如果沒有第二個人存在，一切都是幻覺，甚至連自我都不存在時，那你到底在堅持些什麼呢？

結語　第七十八問

你認為哲學是什麼？

這題就當作第一期的「跋」。我知道很多哲學專長的朋友，翻這本書時會有「這不是哲學這不是哲學這不是哲學這不是哲學這不是哲學這講錯了這不對這個是邪說這個早就被淘汰了這個是你個人的淺見愚見低能之見」之類的看法。

本書歡迎批判，但我基本上不會回應，因爲 I don't care。爲什麼 don't care？台灣多數的哲學教育者都熱衷以學院派的哲學方法來和無知民眾溝通，並且試著教育他們，希望他們能長進一點。不過我要潑個冷水。連哲學系學生都教得亂七八糟，畢業後還是一堆大腦空空毫無概念的人，這些大德，又是哪來的自信心，可以改造台灣的哲學氛圍？

這一點都不科學呀。

「那是你自己沒讀好吧！」沒錯，我大學畢業時，甚至碩士班畢業時，我都是大腦空空，而我卻是畢業自台灣排名最前的兩間哲學系所。我這個不肖學生在博士班才稍微讀了一點東西，然後拿這些東西出來賣錢，然後才有點知名度，然後才募了一筆錢，有了你眼前這本書。

要比知識，我比不過學界高僧大德，要比實力，我比不過雙薪教授，我能比的是什麼呢？

我也不斷問自己這個問題。經過了十來年，我相信我能做到一點，就是「講人話」。哲學是可以講人話的，可以用人話講的，可以講給人聽的。這本書就是「哲學人話化」的努力。

「但看起來一點都不是人話呀！根本還是鬼話嘛！」唉呀！這位客倌您吐槽的眞是精準呢！的確，這本書還是不夠人話，還是無法避免提到專有名詞，還是賣弄了一些權威意見和個人偏見。要眞正做到去除系統哲學的基因，太難了，我能力不足，只能做到這種程度。

「那爲何不乾脆認眞介紹理論與學者？」這樣搞，那本書和市面上其他哲學書有何不同？

「那就純專攻思維方法？」你保證看不懂，因爲連我都看不太懂這種書。

「所以要怎麼辦？你就擺爛喔！」

對。啊不對，我還是試著誘導你，讓你的大腦繞來繞去，轉進一個迷宮，然後把你扔在裡面。你可以破牆出來，你也可以自己想辦法轉出來，但不論是哪種選擇，你都已經和「未看過這本書之前」的那個「你」不同了。

你已經歷過和我近萬位修課學生類似的思維之旅。表面上看不出差別，但你已經開啓了一種能力，你的技能欄已經有一項打勾了。

「所以說我懂哲學了嗎！」

如果眞是這樣，那哲學家就可以去死了。那種勾起來的能力，應該是讓你之後碰到像本題那麼78或87的問題時，已不會再害怕。

結語

國家圖書館出版品預行編目(CIP)資料

渣誌：78個不正常的哲學問題 / 周偉航著. -- 初版. -- 臺北市：新銳數位, 2016.12
面； 公分
ISBN 978-986-93464-1-2(平裝)

1.哲學 2.問題集 3.通俗作品
102.2　　105022723

渣誌 vol.01
78個不正常的哲學問題

作者　人渣文本（周偉航）
發行人　翁子騏
責任主編　蔡宜蒨
執行編輯　陳大中
行政執行　許晨歆
出版公司　新銳數位股份有限公司
網址　sosreader.com
地址　台北市信義區光復南路133號 閱樂書店
電話　（02）2749-1161
美術設計　陳泳勝
建議售價　新台幣320元
初版一刷　2016年12月